新质课程文化丛书

林启达　王琦　杨四耕　丛书主编

实践性学习的七重逻辑

何莹娟　曾锦荣　主编

华东师范大学出版社
·上海·

图书在版编目(CIP)数据

实践性学习的七重逻辑/何莹娟,曾锦荣主编.—上海:华东师范大学出版社,2024.—(新质课程文化丛书).—ISBN 978-7-5760-5062-2

Ⅰ.G622.3

中国国家版本馆 CIP 数据核字第 2024XA9214 号

新质课程文化丛书

实践性学习的七重逻辑

丛书主编	林启达　王　琦　杨四耕
主　　编	何莹娟　曾锦荣
责任编辑	刘　佳
项目编辑	林青荻
特约审读	陈雅慧
责任校对	陈梦雅　时东明
装帧设计	卢晓红

出版发行	华东师范大学出版社
社　　址	上海市中山北路 3663 号　邮编 200062
网　　址	www.ecnupress.com.cn
电　　话	021-60821666　行政传真 021-62572105
客服电话	021-62865537　门市(邮购)电话 021-62869887
地　　址	上海市中山北路 3663 号华东师范大学校内先锋路口
网　　店	http://hdsdcbs.tmall.com
印 刷 者	上海展强印刷有限公司
开　　本	787 毫米×1092 毫米　1/16
印　　张	13.5
字　　数	127 千字
版　　次	2024 年 9 月第 1 版
印　　次	2024 年 9 月第 1 次
书　　号	ISBN 978-7-5760-5062-2
定　　价	46.00 元

出版人　王　焰

(如发现本版图书有印订质量问题,请寄回本社客服中心调换或电话 021-62865537 联系)

编委会

主编

何莹娟　曾锦荣

编委

郭惠怡　苏红梅　黄奕敏　杨成燕　张雅倩
赖小莹　陈敬宇　邓瑞琳　庄家淇　苏　彧

丛书总序

走向新质课程文化

众所周知,课程与文化有着天然的联系,对学校发展而言,凡是课程变革一定是文化变革,没有文化内核的课程变革很难取得成功;文化变革需要课程建设支撑,没有课程支撑的文化变革是难以想象的。学校教育的内在目的的实现是以具有内在品质的课程文化为前提的,不赋予课程内在的文化品质,高质量的教育便很难实现。如果我们的课程是外在性的、他律性的,那么学校教育的内在目的就很难真正实现。可以说,富有丰富的、内在的文化气韵是新质课程文化的显著特征。实现由工具性课程文化向内在性课程文化转化,是当代学校课程变革的文化走向。建构新质课程文化,实现教育的内在旨趣,是时代赋予学校课程变革的使命。

怀特海在《过程与实在》一书中指出:现实存在就是合生,每一个现实存在都不是只有一种元素的简单的存在,不是原子论意义上的存在,而是由诸多要素构成的合生体系。在学校课程变革过程中,课程与文化互为现实存在和潜在实在,二者"合生"即生成课程文化。推进学校课程文化变革,可以从怀特海的"合生"哲学获得启迪。我们认为,课程与文化的合生设计,是建构新质课程文化的重要方法,在具体操作上有两条路径可供选择。

一、自上而下的演绎路径:从文化概念到课程设计

自上而下的演绎路径,从文化概念的顶层设计入手建构学校课程体系,实现从教育价值取向到课程愿景设计、从课程目标厘定到课程内容体系设计、从课程实施路径激活到课程评价推进、从课程育人体系梳理到课程支撑体系建构的全流程合生设计。

第一,提出学校教育哲学,生成学校课程理念。最关键的一点是提出文化核心概

念,即提出学校教育哲学核心概念,从文化核心概念设计出发进而确定学校教育价值观和内涵发展方法论,演绎形成学校办学理念,推理生成学校课程理念。学校教育哲学是学校共同体的教育信条,它渗透于学校教育全过程,贯穿在学校课程所有要素之中,体现于师生日常生活和学校空间环境之中。学校教育哲学包含学校使命观、价值观和愿景观,内蕴办学理念,下延课程理念。换言之,学校教育哲学、办学理念和课程理念之间的关系是由内而外的逻辑推理关系,具有逻辑一致性。

第二,确定学校培养目标,细化学校课程目标。根据教育方针关于教育目的的总体规定性要求,演绎确定学校培养目标,并根据课程方案的要求进一步细化成学校课程目标。在这里,教育目的、培养目标和课程目标是从抽象到具象的过程,是总体规定性和具体表现性之间的关系。课程目标对课程编制具有重要的导向作用,细化学校课程目标需要统筹学生的发展需要、知识的发展状况和社会的发展要求等综合影响。

第三,建构学校课程结构,设计学校课程内容。横向上,把握学校课程的内容结构。我们认为,最具育人价值的课程内容结构,包含课程内容的实质结构和形式结构。实质结构是对课程的质的规定性,反映着课程的内在价值取向,是对课程功能类别的深层理解;形式结构是按照一定标准对课程进行形式分类,并把握各类之间的关系,形成学校课程的形式结构。一般而言,课程的实质结构决定形式结构。纵向上,要把握学校课程的时间节律,科学设计学校课程的年级和学期布局,形成可供每一个年级推进的教学指南以及每一个学期落实的学程设计。如此,学校课程有几条跑道,以及每一条跑道如何设计都是明确的。

第四,激活学校课程实施,推动学习方式变革。激活课程育人方式,需要聚焦高质量发展要求,把握学校课程实施的多维路径。一般来说,学校课程实施途径主要有课堂教学、学科拓展、社团活动、项目学习、校园节日、研学旅行、家校共育、环境创设等。实现从文化概念到课程实施的合生设计,需要进一步明确每一条实施路径的内涵、做法以及相应要求,且每一条途径都应该有学校教育哲学的渗透,应该体现学校教育哲学的价值影响。

第五,创新学校课程评价,落实学校课程管理。课程评价和管理是保障课程变革顺利进行的重要条件。从新质课程文化的合生设计角度看,评价和管理既是学校课程实施的背景和场域,也是学校课程实施的手段和构成。课程评价和管理以及课程目标、课程框架、课程实施共同构成学校课程文化优化升级的内在逻辑,其逻辑起点就是立足学校教育哲学和课程理念,通过合生设计全面掌握学校课程实施情况;通过创新学校课程评价,全维度考查学校课程品质,系统描述学校课程的存在状况与实际成效;通过落实学校课程管理,提升学校内涵发展水平。

上述新质课程文化的获得是从文化概念建构开始的。从文化概念到课程设计的"合生",有利于提升学校课程的文化内涵,丰富学校课程的文化气韵。

二、自下而上的归纳路径:从课程实践到文化逻辑

从特定场景中的课程实践出发建构学校课程的文化逻辑,是学校课程文化变革的另外一条路径。在分析特定课程实践情境的基础上,提炼学校课程哲学,厘定学校课程目标,梳理学校课程框架,激活学校课程实施,巧用学校课程评价,这是自下而上的归纳道路,也是从特定课程实践入手到文化逻辑建构的"合生"道路。在这个过程中,要注意处理好传承与发展、共性与个性、整体与部分、科学与人文、认识与实践、理想与现实等多重关系。

一是学校课程情境分析要处理好传承与发展的关系。学校课程总是处于一定的情境脉络之中,是特定语境的产物。学校课程情境分析要注意把握学校课程发展的不同阶段客体和主体运动变化情况,深刻理解特定时间段的宏观、中观和微观情境,处理好传承与发展的关系,使学校课程情境的要素、联结和效应等获得系统分析和合理说明。传承与发展是相互转化的,是时间流的"合生"过程,传承的要素中往往内含着未来发展的空间,发展的要素中往往会有未来传承的可能。把握学校课程发展在连续性与非连续性之间的叠加效应,有利于推进学校课程文化变革。

二是学校课程哲学提炼要处理好共性与个性的关系。学校课程哲学属于专业的教育哲学范畴,须以制定纲领或提炼信条的方式从哲学角度确认,形成同教育有关的概念和系列观点,具有较强的专业性。在美国教育哲学家索尔蒂斯看来,专业的教育哲学包含个人的教育哲学和公众的教育哲学这两个方面。其中,个人的教育哲学指导个人的教育实践活动,具有独特性;公众的教育哲学面向公众群体,具有公众政策意

蕴,解释公众意识形态,指导许多人的教育实践活动,具有公众性。每一所学校都应该有独特的、体现时代精神的课程哲学,这一课程哲学既要具有学校的个性特征,又要体现时代的价值追求,要处理好共性与个性的关系。我们认为,新时代学校课程哲学的提炼,要基于对时代精神的整体把握和对教育改革形势的总体判断,围绕着培养什么人、怎样培养人、为谁培养人这一根本性问题,形成符合学校特定课程情境的发展理念,正确处理社会本位论和个人本位论的关系,透过共性与个性这一"合生"过程,用"自己的句子"回应时代命题。

三是学校课程目标厘定要处理好整体与部分的关系。育人目标是学校教育活动的出发点,也是学校课程的最终价值。整体与局部的关系的处理,核心在于回答"培养什么人"及其具体化的问题。一般来说,育人目标是把学生培养成什么样的人的整体要求和校本表达,课程目标是育人目标的年段要求和具体表现。育人目标反映了学校落实教育方针的特殊要求,是核心素养的校本表达;课程目标体现了学校培养学生的年段要求,是核心素养的具体细化。培养德智体美劳全面发展的社会主义建设者和接班人,这是我国各级各类学校培养目标的整体要求。结合具体情况,学校的育人目标要反映出学校的个性化要求以及全面发展的涌现性特征。我国各级各类学校培养目标作为一种整体要求,反映国家的育人规格和统一要求;学校的育人目标是学校的个性化要求,反映国家育人规格的整体要求和全面本质,二者具有鲜明的"合生"属性。同理,学校育人目标和在此基础上细化形成的学校课程目标,二者亦具有鲜明的"合生"属性。

四是学校课程内容设计要处理好科学与人文的关系。科学与人文的关系是课程内部的重要关系之一,是推动学校课程发展的矛盾焦点。当今时代,科学主义课程广泛影响了世界基础教育课程改革。2023年,教育部办公厅印发的《基础教育课程教学改革深化行动方案》就增列"科学素养提升行动",要求深化中小学科学教育改革,强化做中学、用中学、创中学,激发青少年好奇心、想象力、探求欲,提升学生解决实际问题的能力,发展学生科学素养。提升科学素养,强化科学探究,是时代赋予基础教育课程改革的使命。不过,我们在强调科学素养提升的同时,要清晰地知道:科学素养与人文修养辩证统一,科学精神与人文精神合理融通。科学要与人文有机统一,科学彰显人文特征,人文内蕴科学理性,科学与人文都是人类改造世界不可或缺的语言。因此,倡导科学精神和人文精神相结合的科学课程观,设计科学与人文整合的课程体系,以科学课程为载体,实现科学和人文的"合生"与"融通",是学校课程文化变革的重要追求。当下这一时代的科学教育理应回到充满生机活力的生活世界,理应从科学世界观、科学方法论、科学价值观等方面,帮助学生了解各领域的专家学者在过去、现在和未来是怎样看待人生、怎样认识世界、怎样理解人类社会的,进而增进学生的科学理性和人文精神,促进学生全面发展。

五是学校课程实施激活要处理好认识与实践的关系。学校课程实施的重要目标是促进学习者理解符号知识和经验知识,建立内部世界与外部世界的联系,这无可厚非。但是,实践是人的全面发展的基石,认识与实践是双向建构、合生共处的。义务教育课程方案和课程标准(2022年版)为此特别强调变革育人方式,发挥实践的独特育人功能。作为课程育人活动,学校课程实施不能把学生限定在书本世界,不能无视儿童与客观世界的联系。激活学校课程实施必须处理好认识与实践的关系,寻找认识与实践的"合生处"与"交融点",在实践中提升认识,在实践中增长才干。要确认实践性是学习的基本属性,提升课程育人的实践品质,彰显学习的实践属性,这是激活学校课程实施的关键所在。要丰富学习实践样态,强化真实性实践,关注社会性实践,提升实践的思维含量,激活实践体验过程,提高学生的实践理解力;要激活反思理解过程,学会处理人与自然、人与社会、人与自我的关系,提升学生的生命觉醒力,处理好认识与实践的关系,这是激活学校课程实施的基本立场。

六是学校课程评价创意要处理好理想与现实的关系。理想源于现实,是思想先导,是现实的桃源;现实立足理想,是客观存在,是理想的源泉。理想与现实之间,是你中有我、我中有你的"合生"关系。中共中央、国务院印发的《深化新时代教育评价改革总体方案》指出:"坚持科学有效,改进结果评价,强化过程评价,探索增值评价,健全综合评价","坚持统筹兼顾,针对不同主体和不同学段、不同类型教育特点,分类设计、稳步推进,增强改革的系统性、整体性、协同性。坚持中国特色,扎根中国、融通中外,立足时代、面向未来"。为此,学校课程评价应坚持全面性与专业性、科学性与客观性、稳定性与发展性,既追求理想,注重课程评价的价值引导,按照理想要求做好顶层设计,使学校课程评价具有"通天线"之智慧;同时又立足现实,秉持科学客观之精神,尊重客观现实,总结成败得失,使学校课程评价具有"接地气"之魅力。换言之,学校课程评价要在理想与现实之间找到平衡点,架设理想的课程和现实的课程之间的桥梁,为促进学生全面发展、教师专业成长和课程体系完善发挥导向作用。

深圳市坪山区立足教育规律和学生成长规律,以培养学生必备品格、关键能力和正确价值观为指向,构建了"引领性课程、普及性课程、个性化课程"三维一体的"品质课程"体系,旨以课程改革驱动内涵建设,以教学变革促进课堂转型,以学习方式转变优化育人模式。坪山区"品质课程"系列实践表明,学校课程文化变革可以是演绎式,也可以是归纳式。演绎式可理解为"概念先行——实践验证"方式,归纳式可理解为"实践探索——归纳提炼"方式。课程是具有情境性和价值负载的文本,建构新质课程文化宜采取理论、研究与实践互动的方式。这种方式不完全依赖于概念或理论,也不脱离学校实际情境。在学校课程实践中,以学校课程情境为基础,以课程实践问题为切入点,以理论为指导,以概念为圆心,边研究边行动,在实践中总结提炼,又在实践中加以验证与改造,在理论与实践的互动互补、碰撞对话中生成学校独有的课程文化框架。

当然,新质课程文化的合生设计,不论选择哪一条路径,都必须为课程文化变革提供充分理由或理论依据,增强学校课程文化变革的认同感。在某种意义上,这也是一种文化自觉。

林启达　王　琦　杨四耕
2024 年 6 月 6 日

目 录

前言　学习与实践在这里相遇　　　　　　　　　　　　1

第一章　从知识逻辑到经验逻辑　　　　　　　　　　1

知识是人类共同的和普遍的产品,而经验的特点则是个体的和个别的。实现从知识逻辑到经验逻辑的转变,不仅表明了其对课程本质的立场转变,也反映了课程理论从传统走向现代的质性飞跃。从知识逻辑到经验逻辑的转换,是通过实践性学习将所学知识整合运用的过程。在实践性学习过程中,学生用所学的知识去解决实际的问题,形成自身对于实际生活的经验。至此,我们的课堂教学实现了从知识逻辑到经验逻辑的转变。

课程展台　快乐拼读　　　　　　　　　　　　　　　5
课例研究　A day on the farm　　　　　　　　　　　12
项目学习　多彩中秋　　　　　　　　　　　　　　　22
评价创意　巧手分类,绿色生活　　　　　　　　　　26

第二章　从学科逻辑到问题逻辑　　　　　　　　　　31

学科逻辑是知识关联逻辑,能指导知识结构化、把握学科独特思维方式。但学科逻辑比较关注单一学科,倾向于知识的传授;问题逻辑则以"问题发现"和"问题解决"为要旨,通过"问题链"来组织和推动教与学,将知识问题化,问题思维化,思维实践化,促进深度学习的发生和发展。从学科逻辑到问题逻辑关键在于链接生活,用真实问题情境夯实建构基础,同时用"问题链"引领实践任务;最终指向"应用",用问题促使学生将知识在新情境中进行运用、迁移、转换。

课程展台	生活中的大数学	36
课例研究	身体尺能做尺子吗?	39
项目学习	身体上的尺子	50
评价创意	玩转方向	54

第三章 从情境逻辑到活动逻辑 61

情境逻辑的教学设计通过将知识放置在实际背景中,帮助学生将抽象的概念与他们自己的经验和现实生活联系起来,使学生更深刻地理解概念。活动逻辑的教学设计强调的是如何有条理地组织教学活动,学生通过实际操作、讨论和合作等,更容易理解和应用所学的知识,最终达到预期的学习目标,发展核心素养。从情境逻辑到活动逻辑,根据学科内容、学生水平和教学目标的不同,在情境中设计有深度、有逻辑、能应用的教学活动,有助于创造更富有深度和互动性的学习体验,从而形成一个综合而有机的学习环境。

课程展台	纵享秋月明	64
课例研究	My friends	66
项目学习	小明的一天	73
评价创意	寻年味儿	85

第四章　从任务逻辑到行动逻辑　　　　　　　　　89

在学习过程中,学生是学习的主动者,学习行动应由学生主动发起。行动逻辑观的学习关注学生主体性的发挥,站在学生的立场和角度思考教学内容和教学方式的确立,让学生在学习中行动起来,发挥主观能动性。行动逻辑观的学习也关注学生实践能力的发展。在行动逻辑下的实践性学习具有主体性、情境性、开放性、现实性、宽广性、社会性和道德性。行动逻辑观指向实践性学习,包括自主型实践性学习、合作型实践性学习。

课程展台　阅读纵队　　　　　　　　　　　　　93
课例研究　田家四季歌　　　　　　　　　　　　100
项目学习　宋朝历史对辛弃疾词的影响　　　　　104
评价创意　学生素养评价　　　　　　　　　　　114

第五章　从设计逻辑到成果逻辑　　　　　　　　119

人的知识不外乎直接经验和间接经验两部分,设计逻辑认为学生的学习主要来源于间接经验,成果逻辑则更加注重具身学习,获得直接经验。从设计逻辑到成果逻辑,是以终为始,进行逆向设计,把需要解决的问题、产出的成果置身于真实情境中,提炼真实性任务。将学生放在"人"的成长的角度上,引导学生在解决问题过程中积极参与实践,发展分析、综合、评价和创造等高阶思维。其重点不在学习后产出的成果,而是在完成成果时所开展的实践性学习过程:强调学生核心素养的发展,强调在真实情境中运用学科知识解决真实问题，实现教育教学从知识本位到素养导向的转变，增长"做事""做人"素养。

课程展台　今天我请大家吃饭　　　　　　　　　　　123
课例研究　营养午餐　　　　　　　　　　　　　　131
项目学习　草木染拾光　　　　　　　　　　　　　137
评价创意　劳动街市　　　　　　　　　　　　　　140

第六章　从生活逻辑到文化逻辑　　　　　　　　145

实践性学习不能简单地联系浅层的生活现象，而是要深挖生活现象背后的深层文化。从生活逻辑到文化逻辑的转变，是通过实践性学习挖掘生活现象和文化的教育性的过程。实践性学习需以学生面临的生活现象为基础，将研究的问题和学生的现实生活场景相融合，挖掘其与学科知识的联系，引导学生主动探索现实问题，获得更深刻的知识和技能，在潜移默化的过程中接受文化的熏陶，这样，实践性学习才能实现从生活逻辑到文化逻辑的转变。

课程展台　长征路上的野菜　　　　　　　　　　　149
课例研究　做现代的曹冲　　　　　　　　　　　　153
项目学习　坪山红色文化小导游　　　　　　　　　157
评价创意　班级旧物市场　　　　　　　　　　　　159

第七章　从学习逻辑到育人逻辑　　　　　　　　161

学习是个体获得知识和经验的过程，而育人的特点则是指向个体核心素养的发展。学习的目的不仅在于学到知识,更在于能将所学知识和技能运用于实际生活,进而通过提升个体的核心素养来满足未来生活需求。由学习逻辑到育人逻辑,显示出由传统重知识学习的课程理念到当代注重核心素养培养的课程理念的转变。由学习逻辑到育人逻辑过渡,就是要通过实践性学习,把学到的知识运用于生活实际,凸显实践的育人功能。

课程展台　家校共育"纵"课程　　　　　　　　　　164
课例研究　东纵精神耀心中　　　　　　　　　　　168
项目学习　与友同行　　　　　　　　　　　　　　172
评价创意　"东纵好少年"形成性评价　　　　　　　179

　　后记　　　　　　　　　　　　　　　　　　　　182

前 言

学习与实践在这里相遇

深圳市坪山区东纵小学是深圳市坪山区政府创办的全日制公办小学。学校坐落于东江纵队的发源地,毗邻东江纵队纪念馆,特殊的地理位置赋予学校红色底色,"忠心向党、赤心为民、不畏艰险、不懈奋斗"的东纵精神赋予学校文化血脉,诞生于建党百年的时间节点赋予学校新时代铸魂育人、立德树人的教育使命。学校赓续革命精神,传承红色基因,努力让每一位东纵学子在这里成长为有东纵精神、民族情怀、创新能力和国际视野的阳光少年。

在新时代条件下,学校熔铸东纵精神内核,发扬红色传统,砥砺奋进初心,凝练"纵教育"作为学校教育哲学。《说文解字》言"纵,缓也。一曰舍也。从糸从声。""纵"的本义是松缓、放松的意思,衍义有形容急遽的样子之意。可以说,"纵教育"是一种张弛有度的教育,是指向灵魂成长、内涵发展的教育。在"纵教育"教育哲学和"培根养正,静待花开"办学理念的指导下,学校构建了"纵横课程"体系,以"让每一个生命从容美好"为课程理念,以让孩子成为"亮堂堂、活泼泼、健康康"的儿童为课程总目标,以"纵横课程"为抓手,以实践性学习为着力点,发展学生核心素养,培养德智体美劳全面发展的社会主义建设者和接班人。

学习即实践,实践即学习,这是一种知行合一的学习观。学重实践的思想古已有之,《礼记》中便提出"博学之、审问之、慎思之、明辨之、笃行之"的思想,主张学思行并重。汉代杨雄,宋代朱熹,明代王守仁,清代王夫之、颜元,近现代陶行知、黄炎培、陈鹤琴、晏阳初等都主张实践教学,强调学生在实际生活和实际情境中学习。[①]

实践性学习是指学生在真实情境中综合应用所学知识解决问题,在此过程中探究新知、自主建构个体经验的学习,旨在实现学科学习、生活经验与个体实践的贯通,培

---

① 何文平.实践性学习的研究[D].成都:四川师范大学,2016.

养学生的创新精神和实践能力。① 学科实践作为一种学科学习方式,是实现学生知识学习向学科素养转化的基本过程和方式。② 学校就是在这样的基础上开始展开实践性学习的探索与实践。

一、背景与问题

（一）宏观背景

地方课程和校本课程是基础教育课程体系的重要组成部分,是国家课程的拓展补充。地方和学校必须加强地方课程和校本课程的建设与管理,落实"全员全程全方位"的育人要求,充分发挥课程为党育人、为国育才的功能。多年来,各地方和学校积极探索,开发并实施地方课程、校本课程,积累了课程育人的经验,但还存在定位不准确、建设质量参差不齐、管理不到位等问题,必须有针对性地予以指导和规范。同时,义务教育、普通高中课程方案也为地方和学校实施课程留出了一定的空间,旨在增强课程对地方、学校、学生的适应性,激发和调动地方和学校的积极性和创造性。

2023年,教育部发布《关于加强中小学地方课程和校本课程建设与管理的意见》(以下简称《意见》),对中小学地方课程及校本课程的建设与管理提出了意见。《意见》对校本课程的建设提出了要求:以习近平新时代中国特色社会主义思想为指导,以遵循教育教学规律和学生成长规律为基本规律,以培育和践行社会主义核心价值观与课程建设相融为引领,以强化课程管理为举措,激发学校课程建设活力,增强课程适应性,实现课程全面育人、高质量育人。校本课程的建设有着明确的指导思想,应紧紧地围绕如何落实立德树人这一根本任务而展开,是顺应教育教学规律和学生成长规律的。

这些政策意见为学校课程的建设提供了基本遵循原则。一是整体设计,协同育人。坚持立德树人,聚焦核心素养,把促进学生全面发展、健康成长作为出发点和落脚点。强化系统设计,增强地方课程、校本课程与国家课程的有效配合,形成课程育人合力。二是因地制宜,体现特色。结合实际,充分挖掘当地自然、社会、人文、科技资源,

---

① 堵琳琳,金雷.实践性学习活动:学生素养提升的突破口[J].人民教育,2022(11):46—49.
② 刘艳.学科实践:作为一种学科学习方式[J].教育研究与实验,2022(1):57—63.

构建主题内容、呈现形式和实施方式等各具特色的课程,发挥独特育人价值。面向全体学生,关注个体差异,开发丰富多样、可供选择的课程,因材施教,满足学生的个性发展需求。三是以管促建,提升质量。明确责任主体,建立健全管理制度,完善课程设置、开发、审核、评价、监测等建设与管理程序,充分发挥制度机制的规范和引导作用。课程的建设需紧紧围绕这三大原则作为底层逻辑予以遵循。

在规划新的课程体系时,《意见》还规定从小学到高中设置综合实践活动等作为必修课程,并指出应使综合实践活动与各学科领域形成一个既相对独立、又紧密联系的有机整体。在某些情况下,综合实践活动也可和某些学科教学打通进行。同时,各学科课程亦应注重培养学生的实践和综合应用能力。开设综合实践活动课的目的是让中小学生改变长期以来单纯从书本获取知识、被动接受的学习方式,即将侧重于机械记忆、浅层理解和简单应用的学习方式转变为主动探究和注重解决实际问题,让学生通过自己的亲身体验来了解知识的形成和发展过程,丰富他们的学习经历;改变学校教育以考试为中心的局面,把教育的重心放在培养学生的创新精神、实践探究和终身学习的能力上。

(二)中观背景

2015年深圳市教育局以新课程改革为契机,出台了《关于推进教育高质量发展的意见》《关于全面深化中小学课程改革的指导意见》等系列文件,以制度文件为纲领引领课程与教学改革。深圳系统推进"五育并举"育人体系建设,深入推进课程与教学变革,深入推进探究性学习、综合性学习等新型学习方式,以及信息技术与学科教学的深度融合,推动广大教师教学改革的广泛实践。

坪山区自2017年成立行政区以来,本着教育教学和学生成长规律,以培养学生必备品格、关键能力和正确价值观为指向,建构"引领性课程、普及性课程、个性化课程"三维实践路径。其中,"引领性课程"聚焦培养学生面向未来的创新思维和实践能力;"普及性课程"强化"五育并举",提升学生综合素养;"个性化课程"旨在通过学校特色文化与特色课程的建设,提升育人价值。

坪山区课程三维设计路线为东纵小学课程建设提供了纲领性的指引,《坪山区教育发展"十四五"规划》明确指出:学校的课程是教育实践的生动载体,是学生茁壮成长的阳光雨露,是为党育人、为国育才的核心保障。个性化课程需聚焦学校文化、教育理念、育人目标与现实基础,在开足、开齐、开好国家课程的基础上,通过地方课程专题化整合、校本课程特色化培育等策略,为儿童发展提供丰富可选择的多元课程,切实满足学生个性化发展需求,形成"一校一课程规划、一校一课程图谱、一校一课程特色、一生一特长"的育人方略。

(三) 微观背景

东纵小学全面落实立德树人的根本任务,构筑"纵教育"特色课程,发挥学校课程在人才培养中的核心作用,进一步提升综合育人水平,更好地促进学生的全面发展、健康成长。"纵教育"倡导"培根养正,静待花开"的理念,以人为本,突出学生主体地位,从以教师为中心转变为以学生为中心,尊重个体差异,为每个学生的发展创造条件,力求让每个生命都从容美好。

课程是生命的情愫,东纵小学课程设置始终尊重孩子的认知特点,最大化满足学生成长的需要,使学习过程成为孩子生命过程中一段美好的旅程;课程是美好的向往,通过"纵横课程"让学生具有适应未来社会发展的精神态度与全方位能力,开启通往美好生活的道路;课程是从容的生活,在这样的课程理念下,"纵横课程"致力于让教书育人融为一体,以潜移默化育人,让师生从容美好地生活;课程也是个性的张扬,致力于根据学生个性、特长、喜好选择性参与,提供多样化、个性化课程供师生双向选择,以此建立起最能张扬个性的学习共同体。

二、过程与方法

(一) 现状调研与问题把握

《义务教育课程方案(2022年版)》提出了三个导向:目标导向、问题导向、创新导向。其中创新导向强调要"强化课程综合性和实践性,推动育人方式变革,着力发展学生核心素养。"新课标下的学科实践教学活动是以学科核心素养为导向,运用该学科的概念、思想、工具、技能等,解决真实情境中的问题的一种学科学习方式,其特征表现为在"学"中"做"或在"做"中"学","学"与"做"是紧密相连的。[①]

---

① 本刊编辑部.如何开展学科实践教学活动?[J].教育家,2023(23):21—24.

纵观学校课程现状,绝大多数课堂情境脱离学生生活实际,在课堂中通过设计出的"假"情境,让学生按照教师的思路学习知识,并没有给予学生解决真实情境中的问题的机会和空间。大部分学科内容分科教学,学科与学科之间割裂,没有在学生思维中建立关联,使得学生在实践的过程中难以综合运用学科知识。开展学科教学时,学生听得多、说得少,坐得多、做得少,解决封闭问题多、探究开放问题少,与课程标准提出的强化课程实践性相悖,难以发展学生的核心素养。为落实新课标要求,发展学生核心素养,同时解决以上存在的问题,学校全面开展实践性学习。

(二) 概念厘定与整体设计

关于实践性学习的定义,从广义上看,实践教育包括课堂实践活动、教育实习、社会调查、劳动实践、军训等。从狭义上看,实践教育指学科教学中的实践活动。[①]

东纵小学开展的实践性学习主要为学科教学中的实践活动,试图实现实践学习方式与学科特质的深度耦合,是依托学科知识和学科问题、指向核心素养培育的综合性学习方式。[②]

在这样的观点的指导下,东纵小学重构国家、地方、校本三级课程,以培养德智体美劳全面发展的社会主义建设者和接班人为目标导向,将学校课程结构分为六类三阶课程,即纵语课程——语言与表达,纵思课程——逻辑与思维,纵创课程——科学与探索,纵美课程——艺术与审美,纵体课程——运动与健康,纵心课程——自我与社会,每一类课程又分为初阶、中阶和高阶,推进实践性学习研究的落实。

表0-1 东纵小学纵横课程设置

课程领域	课程维度	课程目标	课程类别	
			国家课程	校本社团课程
纵语课程	语言与表达	爱国情怀 坚定信念 东纵精神	语文 英语	绘本故事汇 中华诗词吟诵 小主持人

[①] 施敏敏,任前.例谈实践教育对学科教学的意义[J].中学地理教学参考,2023(19):87.
[②] 刘艳.学科实践:作为一种学科学习方式[J].教育研究与实验,2022(1):57—63.

（续表）

课程领域	课程维度	课程目标	课程类别	
			国家课程	校本社团课程
				（朗诵） 英文儿歌齐唱 经典诵读 星耀戏剧社
纵思课程	逻辑与思维	好学奋进 合作意识 充满活力	数学 科学 信息技术	趣味数学 围棋社团 益智乐高 数学兴趣小组
纵创课程	科学与探索	好学奋进 合作意识 兴趣宽广	科学 综合实践	创想科学 木艺 3D、VR 未来机器人 航空航天
纵美课程	艺术与审美	兴趣宽广 充满活力 热爱生活	美术 音乐 书法	百变黏土 英文儿歌齐唱 书画社 少儿律动（合唱） 民族舞 班级小合唱葫芦丝 茶艺 星耀戏剧社 乐器进课堂 创想画（木艺）
纵体课程	运动与健康	身体健康 充满活力 合作意识	体育	炫酷足球 国球乒乓 艺术体操 武术 炫酷足球 快乐篮球 啦啦操 街舞

(续表)

课程领域	课程维度	课程目标	课程类别	
			国家课程	校本社团课程
纵心课程	自我与社会	爱国情怀 坚定信念 热爱生活	道德与法治 心理 综合实践	社会实践课程 跨学科融合课程 项目式学习

（三）多端切入与经验生成

在开展实践性学习过程中，东纵小学全面铺开，多端切入，从"纵怡管理、纵美校园、纵心德育、纵横课程、纵情课堂、纵智教师"等六个方面切入实施。

（四）要素提取与模型建构

在课程实践中，东纵小学逐步形成了具有实践性学习特点的学校特色课程，如结合坪山区品质课程体系开展的普及性课程——阳光阅读课程、家校共育课程、底色艺术课程和悦动体育课程，还有具有办学特色的个性化课程，如东纵文化课程、未来创新课程、健康管理课程、融合项目式课程等。在实践中，学校逐步建构出开展实践性学习的七重逻辑，即从知识逻辑到经验逻辑、从学科逻辑到问题逻辑、从情境逻辑到活动逻辑、从任务逻辑到行动逻辑、从设计逻辑到成果逻辑、从生活逻辑到文化逻辑、从学习逻辑到育人逻辑。

（五）全面推进与系统总结

我校在教育教学工作中全面实施基于七重逻辑的实践性学习。首先，系统梳理国家基础性课程内容，使其以纵向或横向的逻辑呈现，让学生所学知识系统化、结构化。例如，体育学科根据国家课程要求，从目标、内容等方面进行梳理，按低中高形成水平一、水平二、水平三的体育教学大纲。其次，发掘地域优势和学校特色，例如结合国家课程计划，借助学校双成劳动体验馆的优势，开发劳动教材，开设草木染、木艺、茶艺等劳动综合实践课程，提升学生的综合素养。

考虑学生学习水平、学校师资、地域特点、学校文化传统、学校特色、社区特色等诸多因素，学校积极探索拓展性课程和综合实践课程。"让每个生命从容美好""适合的才是最好的"是课程开设和延续的理念及方针，例如，结合学校所在社区南方医科大学口腔医院的优势，协同开发口腔健康管理课程，关注生命健康；培养学生传承优秀传统文化的语文"经典诵读"课程，融入学校东纵文化基因，积累经典，培根养正；培养高阶思维的数学"生活中的大数学"数学课程，以任务群的方式开展项目化数学活动，让学生在生活的大情境下解决数学问题；开发"英语绘本阅读"课程，在故事情境下系统地学习英语自然拼读，实现海量阅读等。丰富的课程满足了学生的个性化学习需求，提升了学生综合素养，凸显了东纵的校本特色。

"做中学""做中优"，学校开发的课程，在实践的过程中不断优化、不断完善。如学校的"经典诵读"课程，经过不断调整、更新，融合智慧教育，开发配套微课资源，通过插入二维码的方式让孩子实现随时随地自主听读、自主学习。

在此基础上，学校总结出实践性学习实施的方法：一是要打开实践性学习的时空；二是要打通学科知识与实践活动的联系；三是要打破学科之间的壁垒；四是要开发实践性学习资源。

三、内容与成果

作为一种教育价值观，"纵教育"生发出了学校"培根养正，静待花开"的办学理念，强调了教育是根的事业，需培根铸魂、启智润心；倡导教育是慢的艺术，是生命潜移默化的过程，不能操之过急。作为一种教育方法论，"纵教育"是贯穿于生命成长过程的教育，是有深度的教育，指向灵魂深度的教育，为生命发展奠基。

在实践维度，学校围绕"纵教育"，将学校管理、校园文化、德育体系、课程结构、课堂实践和教师发展等各个维度统一起来，打造"纵怡管理、纵美校园、纵心德育、纵横课程、纵情课堂、纵智教师"，构建融会贯通、特色鲜明的"纵教育"实践体系。

1. 纵怡管理，高引统领

学校秉承"培根养正，静待花开"的办学理念，高位统领，聚焦"办一所传承红色基因、培养未来人才的先行示范学校"办学目标，配备东纵文化传承馆、千帆体育馆、百川报告厅、拾萤图书馆、双成劳动体验馆、北江创客中心等功能场馆，创造出高效灵动、绿色生态的师生共同成长空间；搭建结构合理的教师队伍，实行"三格"教师培养模式，教师专业发展成效突出，教师教育教学理念先进，教育教学方式方法科学合理；着力构建"纵横课程"体系，丰富课程内涵，建立校本课程与管理制度，不断开拓丰富课程内容与空间;实施"三阶六育"德育路径,创新实践"东纵好少年"的一体化评价改革,高质量推进五育融合发展,培养具有东纵精神、民族情怀、创新能力和国际视野的阳光少年。

2. 纵美校园,以文培元

学校铸魂载道,以文培元,以文化人,打造一个融自然环境与人文环境于一体、彰显学校文化品位、凸显学校教育功能和凝聚功能的纵美校园。学校以中华传统经典命名楼宇,如教学楼源起《论语·为政》所言"譬如北辰,居其所而众星共之",命名为北辰楼;宿舍楼源自《论语·学而》"礼之用,和为贵"命名东和楼;源自唐代诗人李绅所作《悯农·其一》"春种一粒粟,秋收万颗子",学生餐厅得名一粟餐厅,寄语"小纵子"们珍惜粮食;拾萤图书馆源起《晋书·车胤传》中"胤恭勤不倦,博学多通,家贫不常得油,夏月则练囊盛数十萤火以照书,以夜继日焉",期盼"小纵子"们勤读书、爱读书。

学校遵循学生身心发展规律,满足学生个性化需求,建设多样化的校园场馆。创建"三馆三院三中心","三馆"即东纵文化馆、博物馆、图书馆,"三院"即文学院、科学院、航天院,"三中心"即创客中心、健康中心、艺术中心,为全面提升学生综合素养提供特色空间。打造智能化、无边界学习空间,使信息化环境与教育教学实践深度融合,促进学校教育教学理念、教学方式转变,使全体师生在校园里的每个时段、每个角落实现泛在学习、个性化学习。

3. 纵心德育,培根铸魂

东纵小学基于立德树人的根本任务和东纵文化地域特色,开发"纵心德育"课程,以课程为内容,以活动为载体,开展理想信念教育、社会主义核心价值观教育、中华优秀传统文化教育、生态文明教育、心理健康教育等主题教育,促进学生良好品格的形成。

为适应新时代育人要求,东纵小学以中共中央、国务院印发的《深化新时代教育评价改革总体方案》精神为指导,大力进行学生评价改革,构建"东纵好少年"学生形成性评价体系,引领学生综合素质发展。"东纵好少年"学生形成性评价内容涵盖德智体美劳五育,评价内容与学生品德修养、课程学习等日常教育教学活动相融合,注重过程性评价。评价贯穿整个小学阶段,在不同的节点上开展特色评价活动,通过创新作业评价、改革学业评价、综合家校评价等多种举措,促进学生综合素养的螺旋上升。

4. 纵横课程,厚植涵养

在"纵教育"哲学和"培根养正,静待花开"理念指导下,学校构建了"纵横课程"体系,以"让每一个生命从容美好"为学校课程理念,以"让孩子成为'亮堂堂、活泼泼、健康康'的儿童"为课程总目标。以课程为抓手大力推进五育并举,着力培养德智体美劳全面发展的社会主义建设者和接班人。

学校以国家课程为主体,构建纵横教育课程体系,包括语言与表达、逻辑与思维、科学与探索、艺术与审美、运动与健康、自我与社会六类横向课程,以国家学科课程为根本,纵向建设指向学生素养纵深发展的初阶、中阶、高阶的"三阶"课程群。

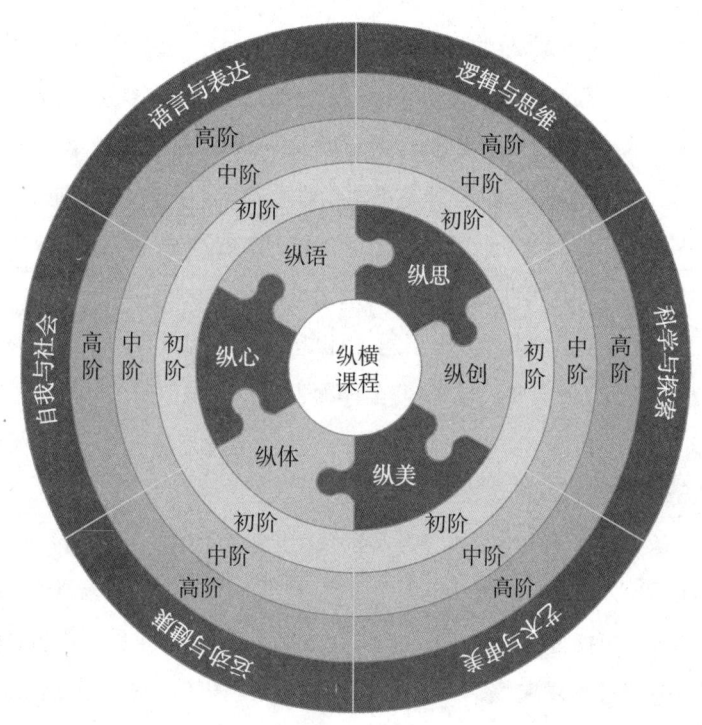

图0-1 纵横课程体系示意图

5. 纵情课堂,减负增质

学校探索融合信息化的新样态课堂,全校铺开,全学科贯彻,全体教师参与,围绕"融合微能力与学科知识点的生成性教师发展资源建设的实践研究"课题,开展信息技术融入教学实践的智慧课堂教学改革探索。依托智慧校园平台,构建支持学生主动学习、支持教师有效教学的智慧教室环境,以智慧课堂教学为重点,积极开展信息技术、交互式触控一体机与学科教学深度融合的课堂教学的理论与实践探索,转变教师的教学方式,培养学生自主、合作、探究的学习方式,推动智慧课堂教学模式的创新。

搭建微课资源库,开发各学科重难点微课资源。学校探索全科教育的小幼衔接课程,为学生的成长之基与未来发展点亮星火。

6. 纵智教师,深耕升格

学校围绕"四有"好老师的标准,立足校本,创建具有东纵特色的"三格"教师培养方式,即新教师"入格"、青年教师"升格"、骨干教师"风格"培养,引导教师自我发展定位,逐渐形成并完善培训梯度机制,培养一批面向未来的学者型、专家型、智慧型教师,切实提高教师队伍的整体水平。

落实"五维环绕式"教师培养举措:一是开展校本研修,保驾教师成长;二是建设青蓝工程,结对教师成长;三是名师引领教研,领航教师成长;四是深耕课题研究,驱动教师成长;五是搭建展示平台,助推教师成长。

四、创新与成效

在"纵教育"理念指导下,通过课程实践,形成了具有实践性学习特点的学校特色课程,建构出开展实践性学习的七重逻辑,即从知识逻辑到经验逻辑、从学科逻辑到问题逻辑、从情境逻辑到活动逻辑、从任务逻辑到行动逻辑、从设计逻辑到成果逻辑、从生活逻辑到文化逻辑、从学习逻辑到育人逻辑。

(一)观点创新

从知识逻辑到经验逻辑。知识是人类共同的和普遍的产品,而经验的特点则是个体的和个别的。实现从知识逻辑到经验逻辑的转变,不仅表明了其对课程本质的立场转变,也反映了课程理论从传统走向现代的质性飞跃。从知识逻辑到经验逻辑的转换,是通过实践性学习将所学知识整合运用的过程。在实践性学习过程中,学生用所学的知识去解决实际的问题,形成自身对于实际生活的经验。至此,我们的课堂教学实现了从知识逻辑到经验逻辑的转变。

从学科逻辑到问题逻辑。学科逻辑是知识关联逻辑,能指导知识结构化、把握学科独特思维方式。但学科逻辑比较关注单一学科,倾向于知识的传授,而问题逻辑则以"问题发现"和"问题解决"为要旨,通过"问题链"来组织和推动教与学,将知识问题化,问题思维化,思维实践化,促进深度学习的发生和发展。从学科逻辑到问题逻辑关键在于链接生活,用真实问题情境夯实建构基础,同时用"问题链"引领实践任务;最终指向"应用",用问题促使学生将知识在新情境中进行运用、迁移、转换。

从情境逻辑到活动逻辑。情境逻辑的教学设计通过将知识放置在实际背景中,能够帮助学生将抽象的概念与他们自己的经验和现实生活联系起来,帮助学生更深刻地理解概念。活动逻辑的教学设计强调的是如何有条理地组织教学活动,学生通过实际操作、讨论和合作等,更容易理解和应用所学的知识,最终达到预期的学习目标,发展核心素养。从情境逻辑到活动逻辑,根据学科内容、学生水平和教学目标的不同,在情境中设计有深度、有逻辑、能应用的教学活动,有助于创造更富有深度和互动性的学习体验,从而形成一个综合而有机的学习环境。

从任务逻辑到行动逻辑。在学习过程中,学生是学习的主动者,学习行动应由学生主动发起。行动逻辑观的学习关注学生主体性的发挥,站在学生的立场和角度思考教学内容和教学方式的确立,让学生在学习中行动起来,发挥主观能动性。行动逻辑观的学习关注学生实践能力的发展。行动逻辑下的实践性学习具有主体性、情境性、开放性、现实性、宽广性、社会性和道德性。行动逻辑观指向实践性学习,包括自主型实践性学习、合作型实践性学习。

从设计逻辑到成果逻辑。人的知识不外乎直接经验和间接经验两部分,设计逻辑认为学生的学习主要来源于间接经验,成果逻辑则更加注重具身学习,获得直接经验。从设计逻辑到成果逻辑,是以终为始,进行逆向设计,把需要解决的问题、产出的成果置身于真实情境中,提炼真实性任务。将学生放在"人"的成长的角度上,引导学生在解决问题过程中积极参与实践,发展分析、综合、评价和创造等高阶思维。其重点不在学习后产出的成果,而是在完成成果时所开展的实践性学习过程:强调学生核心素养的发展和在真实情境中运用学科知识解决真实问题,实现教育教学从知识本位到素养导向的转变,增长"做事""做人"素养。

从生活逻辑到文化逻辑。实践性学习不能简单地联系浅层的生活现象,而是要深挖生活现象背后的深层文化。从生活逻辑到文化逻辑的转变,是通过实践性学习挖掘生活现象和文化的教育性过程。实践性学习需以学生面临的生活现象为基础,将研究的问题和学生的现实生活场景相融合,挖掘其与学科知识的联系,引导学生主动探索现实问题,获得更深刻的知识和技能,在潜移默化的过程中接受文化的熏陶,这样,实践性学习才能实现从生活逻辑到文化逻辑的转变。

从学习逻辑到育人逻辑。学习是个体获得知识和经验的过程,而育人的特点则是指向个体核心素养的发展。学习的目的不仅在于学到知识,更在于能将所学知识和技能运用于实际生活,进而提升个体的核心素养来满足未来生活需求。由学习逻辑到育人逻辑,显示出由传统重知识学习课程理念到当代注重核心素养培养的课程理念。由学习逻辑到育人逻辑过渡,就是要通过实践性学习,把学到的知识运用于生活实际,凸显实践的育人功能。

(二) 模式创新

实践性学习是一种对话式的交往实践。佐藤学关于学习的"三位一体论",将学习定义为与客观世界对话、与他人对话、与自我对话的交往实践[①],换言之,即创造世界(认知和文化实践)、建立伙伴关系(社会和政治实践)、寻找与发现自我(伦理和存在的实践)。学习应从"自我完善"的个人学习中突破,走向活动性、协同性和反思性的学习。可见,佐藤学对"学习"的定义已不是对知识本身的追求,而是上升到了个体生命活动的层面。由此可见,佐藤学对于学习的理解,主要是从学习者的角度出发,阐释学习者的内部活动世界,即为一种对话式的交往实践。

实践性学习来源于学生在实践中的"认知冲突"。每个学生都是一个独特的个体,在学习过程中产生的疑问也不尽相同。或许同样讲"修辞手法",有些学生的迷惑点是"修辞"有什么用,而有的学生会疑惑为什么叫"修辞"而不是别的名字?这种"迷思概念"带来的认知冲突,正是学生学习产生的动机。如果这种冲突无法通过学习解决,那么学生就会慢慢失去对学习的兴趣。但在实际教学中,有太多认知冲突的"学困生",被老师有意无意地忽略。教师如果能够让更多的学生,有更多的机会表达自己的真实想法,提出自己的真实问题,真实学习就可能自然而然地发生,这才是教学真正的起点。

实践性学习是发展协同性学习。学习是建构伙伴关系的"社会性实践"。学生最

---

① (日)佐藤学.学习的快乐——走向对话[M].钟启泉,译.北京:教育科学出版社,2004.

主要的学习伙伴是同学和教师。学生通过与伙伴的对话交流,与多元思想的碰撞,才能构建自己的思想,从这个层面上看,学习是一种协同性的活动。佐藤学对学习的重新定义就是基于维果茨基的学习观:所有学习本质上都是一种社交活动,包括与他人的关系。由此可见,学习是通过与社会或共同体中其他人的交流而发生的。只有教室里呈现融洽的学习氛围,学生不再孤军奋战,而是拥有共同理想的"战友",在"相互依赖"中讨论、分享,学习才能成为一种友好的社会性实践。

实践性学习是一种反思性学习。学习是探索自身模式的"伦理性实践"。佐藤学认为,学习是一种自我发现、自我内省的活动,通过自我反思来内化、重构自己原有的知识,形成内心世界的思考、情感和意志。[1]学习的最佳境界便是自我反思,反思性学习是经过回顾、检验、总结后对自己所习得知识的验证的往复过程,也是知识内化后的自我审视过程。在自我反思中与新的自己相遇,与新的知识相遇,形成自我教育的"伦理性实践"。

实践性学习是以"学"为中心的教学主张。佐藤学认为,要实施以"学"为中心的教学,应当以在教室里构筑一种新型的关系为出发点,即让每个儿童持有自己的课题,相互探究、相互交流、相互启发,我将之称为"活动的、合作的、反思的学习",即让那种与物与教材对话,与学生与教师对话,与自我与自身对话的学习成为教学的中心[1]。具体地说,就是组织和指导有任务地学习,有小组活动地学习,有学生将自己理解的东西用作品表现出来与同伴共享、相互欣赏的活动的学习。也可以说,就是从个体出发,经过与同伴合作,又再返回到个体的学习。

所谓学习,是与作为教育内容的对象世界(物)的接触与对话,是与在此过程中发展的其他学生的或教师的认识的接触与对话,是与新的自我的接触与对话。学习是通过创造世界(认知的实践)、人际交往(交往的实践)和完善自我(自我内在的实践)这三种对话性实践而完成的。这三种对话性实践而完成的学习的特性可以称之为"学习的三位一体论"。[2]

东纵小学探索的实践性学习主要由认知冲突、实践学习、反思学习三个阶段构成。

---

[1] (日)佐藤学. 静悄悄的革命——创造活动、合作、反思的综合学习课程[M]. 李季湄,译. 长春:长春出版社,2003.
[2] 同上。

由认知冲突引发学生的学习起点,开启实践性学习;在实践性学习中,三位一体地开展对话性实践,实施发展协同性学习;实践结束进行反思总结,从而形成新的认知冲突,激发新一轮实践性学习。

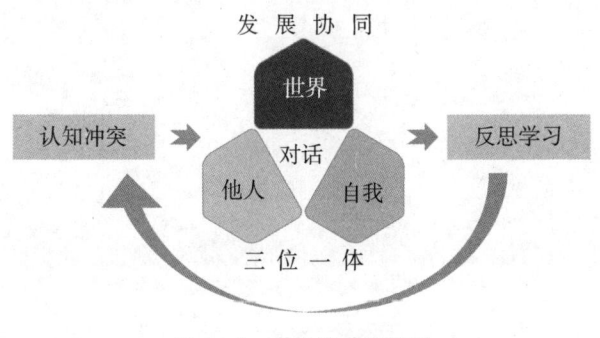

图0-2 实践性学习模型

综上所述,东纵小学在课程实践中,逐步形成了具有实践性学习特点的学校特色课程,梳理出实践性学习的"七重逻辑"——从知识逻辑到经验逻辑、从学科逻辑到问题逻辑、从情境逻辑到活动逻辑、从任务逻辑到行动逻辑、从设计逻辑到成果逻辑、从生活逻辑到文化逻辑、从学习逻辑到育人逻辑,实现了"纵教育"从上位到下位的逐步成熟。

第一章
从知识逻辑到经验逻辑

知识是人类共同的和普遍的产品,而经验的特点则是个体的和个别的。实现从知识逻辑到经验逻辑的转变,不仅表明了其对课程本质的立场转变,也反映了课程理论从传统走向现代的质性飞跃。从知识逻辑到经验逻辑的转换,是通过实践性学习将所学知识整合运用的过程。在实践性学习过程中,学生用所学的知识去解决实际的问题,形成自身对于实际生活的经验。至此,我们的课堂教学实现了从知识逻辑到经验逻辑的转变。

知识通常不是杂乱无章和无关联的,而是存在复杂而相关的逻辑的。实践是认识的来源,认识的内容是实践的产物。在此意义上,获得认识有两个途径,一是从他人或书本中获得间接经验,二是亲身参与获得直接经验。教育不仅仅要教给学生知识,还要创设运用这些知识的情景,使其成为个体的经验。知识的特点表现为人类共同的和普遍的产品,而经验的特点则是个体的和个别的[①]。从知识到经验,不仅表明了人们对课程本质的立场转变,也反映了课程理论从传统走向现代的质性飞跃[②]。在这样的变化下,教师的教学设计从原本的知识逻辑出发逐渐转变到以经验逻辑为准绳。

在新时代该如何培养学生的核心素养?学生的学习既不能脱离现实生活只学习理论与概念,也不能脱离知识空谈实践。可以在实践性学习中验证知识,进行思考与总结,感受理论落在现实的意义与差异,从而实现具身学习。以诗词为例,有些诗词除了其本身的语文价值外,还蕴含着地理、哲理与历史等领域的内容,如"人间四月芳菲尽,山寺桃花始盛开"便是非常典型的海拔影响气温的地理知识;再如"卧看满天云不动,不知云与我俱东"既可解释物理意义上的参照系含义,又蕴含着绝对运动与相对静止是统一的哲理;又如魏晋多玄言诗的原因,除了与当时哲学思潮的盛行有关,也与当时的政治背景息息相关。知人论世是诗词鉴赏的常用方法,但是想要更加深刻地体会诗歌的含义与文学性,那就不能只体验其文学性,诗人所处时代的经济、政治、文化背景都是文学创作不能脱离的土壤。让学生在实践的过程中思考知识的内在逻辑,将他人教授的经验与自身的体验结合起来,才能融会贯通。

核心素养目标培养下的学生不是只会空谈文字释义的作答机器,而是要真正做到将所学知识梳理内化,融汇转化为对现实生活的理解。从知识逻辑到经验逻辑的转换,是指学生通过实践性学习,在接近生活乃至实际生活的情境中将所学知识整合运用的过程。

为什么要实现从知识逻辑到经验逻辑的转换呢?根据学习圈理论,完整的学习过程包含了具体经验—反思性观察—抽象概念化—积极实验四个阶段。传统课堂往往将学生置于理论的云端,而忽视了理论在现实中的应用,使得学生的知识与生活产生

[①] 李仁勇.从知识到经验[D].保定:河北大学,2008.
[②] 刘万海.从知识到经验:课程本质的现代解读[J].全球教育展望,2004,33(12):20—23,28.

割裂,造成了学生难以将所学知识运用于生活实际的困境,只停留在了对具体经验的学习,即使涉及一些反思性观察,往往也只停留在浅层就匆匆略过。学生所学的知识成为输入大脑的碎片,不成系统,逻辑断裂,导致知识与能力的发展不均衡、不协调。

所谓知识,就哲学领域的范畴而言,是指客观世界在人脑中的主观印象。主体对事物的感性知觉或表象属于感性知识,关于事物的概念或规律则属于理性知识。学生在教室内学习到的知识大多偏向于直接学习理论概念一类,而较少在实践过程中验证或感悟。研究中发现,虽然有了学科实践性学习活动,但是往往零散发生在学科课程中。有时过于密集,学生的学习时空难以承载;有时偏离学科素养要求,为了活动而活动。知识往往是先前经验的汇总与归纳,在经过学习主体的学习与内化后,总结运用再形成个体的经验,而知识内化理解与外化运用的最佳途径即实践。以语文教学为例,教师只有真正理解了言语能力、言语经验与知识之间的联系,有效推动学生知识到能力、经验的转化,通过创设情境、构建平台、设置语文实践活动,引导学生在实践中尝试、反思和调整,才能更好地助力学生言语实践能力的提升[①]。因而,教师应当注重学生实践性活动的设计,从片面的知识逻辑设计逐渐转变为促进学生全面发展经验逻辑。

当前,基础教育课程改革以核心素养的培养为导向,致力培养学生使其能够获得适应其终身学习和社会发展需要的必备品格和关键能力。因此,学生的学习不能仅仅停留在高悬空中的知识,更需要在实践活动中,在贴近实际生活的情境中,实现其必备品格和关键能力的培养,从对知识的抽象感知转化为对经验的实践与运用。实践性学习对于培养其自身解决生活实际的关键能力具有重要意义。

如何实现从知识逻辑到经验逻辑的转换呢?我们认为,学生是学习的主体,学生的学习行为从知识到经验逻辑的转变是在学习过程中实现的。教师在进行教学设计的过程中,需要注重情境的设置,加强各个学科知识之间的联络,避免开展流于形式的活动。教师需要转变观念,将以往片面强调知识的设计思路转化为以学生经验形成为主要目标的设计逻辑。

以项目式学习为例,教师不再将教学地点局限于教室,也不再将某个知识限定在

---

① 蔡卫枢.从知识到经验,推动言语能力发展[J].小学教学参考,2023(4):60—62.

某个学科，跨学科的融合教学是其中的重要手段。通过项目式学习的设计，为学生创设接近实际生活的情境，或者直接将学习发生的场域设置在各个生活情境中，通过构建有主题、有逻辑、有连续性的脉络化情境，实现学生主动地、建构地在情境中学，在做中学，在学中做，学生身临其境地进行"生活体验"。"体验性"教学的目的是激发学生的创意，激发学生的创新与创造性的表达。[①] 结合教师的经验指导，通过学生自己的探索思考总结，形成自身实际的知识认知。同时也在项目式学习的实践过程中，检验与运用所学知识，真正实现核心素养为导向的教学目标，培养学生能够适应其终身学习和社会发展需要的必备品格和关键能力。

通过实践性学习，学生将所学知识进行检验与运用，将理论与实践结合起来，在实践中进行思考与反思。教师在进行情境创设时，需要注意情境设置的逻辑与结构，实践性学习不是让学生盲目地去采取行动，而是通过科学合理的结构设计，引导学生进行创造性的表达，培养其发现和解决实际问题的能力。学生在实践的过程中，将碎片的抽象知识梳理重组，形成一套能够认识生活、解决生活实际问题的知识体系。接着在进一步的实践中，反复验证与完善，用所学的知识去解决实际的问题，形成自身对于生活实际的经验逻辑。

（撰稿者：陈敬宇）

[①] 孙媛媛."体验性"教学：从"知识"到"经验"的转化[J].江西教育,2022(44):82—83.

课程展台 Ⅰ 快乐拼读

适用年级：小学二年级

一 课程背景

自然拼读法最大的特点就是把复杂的发音归纳成有规律的、简单的发音，把英文的字母与发音联系起来，让学生看到单词能自然反应出如何发音。这种教学方法简单高效，符合学生学习语言的规律，是学生学习英语的一个有效工具。掌握了这种方法，学生不借助音标，就能读出 80％ 的英语单词。

通过课程学习，学生改变死记硬背单词的习惯，掌握英语自然拼读的规律，养成按照自然拼读法拼读单词的习惯，见到新单词能根据发音规则读出单词，听到单词能根据发音规则写出单词，达到"听音辨词、见词读音"的效果，提高记单词的效率，扩大单词量，增强英语阅读能力。学生不再局限于课本知识，而是拓展为英语学习的经验积累。

二 课程目标

第一册：能够掌握 26 个字母的音形对应关系，能够熟练读出字母名并自然反应出该字母在所给单词中的发音。

第二册：掌握元音字母的不同发音规则，能够根据所给单词的构成形式，判断元音字母的发音，能够快速反应出所学辅音字母组合的发音。

三 课程内容与实施

本套教材一共两册，每一册分为 A、B 两部分（Section A & Section B），第一册适用于二年级上学期,包含 7 个单元 27 个课时;第二册适用于二年级下学期,包含 6 个单元 19 个课时。我们利用每周一节快乐拼读和英语早读课教学自然拼读内容,每学期完成自然拼读新课的教学后,会留有时间进行复习巩固。(见表 1-1、表 1-2)

表 1-1　第一册课程安排

		课程结构(1 课时/每周)
第 1 单元	第 1 课时	字母:Aa 重点词汇:ant　apple 拓展词汇:cat　bag　dad　animal
	第 2 课时	字母:Bb 重点词汇:bear　ball 拓展词汇:butterfly　boy　bird　boat
	第 3 课时	字母:Cc 重点词汇:cat　cow 拓展词汇:car　cap　cake　card
	第 4 课时	字母:Dd 重点词汇:dog　duck 拓展词汇:desk　dad　doll　door
第 2 单元	第 5 课时	字母:Ee 重点词汇:egg　elephant 拓展词汇:pen　ten　leg　Eddie
	第 6 课时	字母:Ff 重点词汇:frog　football 拓展词汇:friend　fish　food　face
	第 7 课时	字母:Gg(1) 重点词汇:George　bridge 拓展词汇:orange　ginger　luggage　giraffe
	第 8 课时	字母:Gg(2) 重点词汇:girl　guitar 拓展词汇:goat　garden　pig　gift
第 3 单元	第 9 课时	字母:Hh 重点词汇:head　hamburger 拓展词汇:hair　hand　hat　hot
	第 10 课时	字母:Ii 重点词汇:igloo　insect 拓展词汇:inn　ink　Italy　India

(续表)

	课程结构(1课时/每周)	
	第11课时	字母:Jj 重点词汇:jelly juice 拓展词汇:Japan jeans jeep jam
	第12课时	字母:Kk 重点词汇:kite kitty 拓展词汇:kitchen kid key king
第4单元	第13课时	字母:Ll 重点词汇:lemon leg 拓展词汇:leaf light lake lamb
	第14课时	字母:Mm 重点词汇:monkey mum 拓展词汇:mango moon mouse mouth
	第15课时	字母:Nn 重点词汇:nine noodle 拓展词汇:neck nose night nurse
	第16课时	字母:Oo 重点词汇:orange octopus 拓展词汇:ox office box fox
第5单元	第17课时	字母:Pp 重点词汇:pen pig 拓展词汇:pilot plant plane police
	第18课时	字母:Qq 重点词汇:queen quite 拓展词汇:question quack quick queue
	第19课时	字母:Rr 重点词汇:ring rose 拓展词汇:rain rabbit ride red
	第20课时	字母:Ss 重点词汇:snow sing 拓展词汇:six sun sad soup
第6单元	第21课时	字母:Tt 重点词汇:tea tiger 拓展词汇:teddy bear ten taste taxi
	第22课时	字母:Uu 重点词汇:umbrella uncle

(续表)

课程结构(1课时/每周)			
			拓展词汇:up us under ugly
	第23课时	字母:Vv
		重点词汇:violin van
		拓展词汇:valley victory video voice
	第24课时	字母:Ww
		重点词汇:wind witch
		拓展词汇:watch win water wand
第7单元	第25课时	字母:Xx
		重点词汇:fox box
		拓展词汇:ax fix mix six
	第26课时	字母:Yy
		重点词汇:yoyo yellow
		拓展词汇:year yes yell you
	第27课时	字母:Zz
		重点词汇:zebra zoo
		拓展词汇:zero zipper zone
实施要求			

把字母 Aa—Zz 的字母名和字母音结合起来教学
通过拓展词汇,让学生了解更多含有此音的单词
通过形式多样的练习,边学边练,学练结合
让学生说唱拓展歌谣,学以致用

表1-2 第二册课程安排

课程结构(1课时/每周)		
	第1课时	长元音:a
		重点词汇:Jane cake make plates table
		拓展词汇:date safe snake gate lake
第1单元	第2课时	短元音:a
		重点词汇:hat bag cat mat
		拓展词汇:fat fan bad sad hand at ant act actor apple
	第3课时	长元音:e
		重点词汇:he Pete she Eve
		拓展词汇:me we be zebra these Chinese

(续表)

课程结构(1课时/每周)			
	第4课时	短元音:e 重点词汇:red pencil ten 拓展词汇:friend Ben Jeff seven dress let met	
第2单元	第5课时	长元音:i 重点词汇:kite Mike bike 拓展词汇:ride nice like fine wife drive hike time tide	
	第6课时	短元音:i 重点词汇:pig pink 拓展词汇:city dig fit hit sit visit Tim wind biscuit	
	第7课时	长元音:o 重点词汇:rose photo 拓展词汇:nose hose home hello old cold hold post	
	第8课时	短元音:o 重点词汇:dog shop 拓展词汇:orange hot box rock lock pock lot not job	
第3单元	第9课时	长元音:u 重点词汇:tube pupil 拓展词汇:usual unit union uniform duty music future human student excuse cute use	
	第10课时	短元音:u 重点词汇:duck sun 拓展词汇:but bus cut lunch jump run under sunny fun	
第4单元	第11课时	字母组合:ch 重点词汇:chair chick 拓展词汇:touch kitchen child watch beach peach	
	第12课时	字母组合:sh 重点词汇:fish dish 拓展词汇:ship shop shape brush wash English	
	第13课时	字母组合:ph wh 重点词汇:phill photo white who 拓展词汇:phone physical whale wheel where	
	第14课时	字母组合:ck 重点词汇:chick duck 拓展词汇:clock lock black rock socks kick	
第5单元	第15课时	字母组合:ll	

(续表)

课程结构(1课时/每周)		
	第16课时	重点词汇:ball tall 拓展词汇:bell shell mall smell hall wall
		字母组合:ss 重点词汇:chess mess 拓展词汇:grass glass dress boss class pass
	第17课时	字母组合:ff 重点词汇:turn off get off 拓展词汇:puff cliff sniff giraffe cuff office
第6单元	第18课时	字母组合:cl pl gl 重点词汇:clock classroom playground plane gloves glasses 拓展词汇:clever class clap climb plus plant plum please globe glue glad glance
	第19课时	字母组合:bl fl sl 重点词汇:blue black glower flag sleep slowly 拓展词汇:bleed blow blat blame flue flow flat flight slave slow slap slop
实施要求		
通过范词的学习,让学生发现字母发音的规则 通过学生自主说唱歌谣,培养学生自主阅读能力 通过拓展词汇,让学生了解更多含有此音的单词 通过形式多样的练习,边学边练,学练结合		

四 课程评价

1. 评价指标

字母:会读字母名,能说出该字母在单词中的发音。

单词:会认单词,能说出单词中相关字母发音。

歌谣:能够熟练说唱歌谣。

练习:能够完成配套练习,正确率高。

阅读:能够运用所学语音,自主阅读拓展阅读材料。

规则:能够自主发现出字母在单词中的发音规则。
2. 评价方式
实施多元评价,学生自评、学生互评、教师评价相结合。
3. "快乐拼读"校本课程学习评价表

姓名:	班级:	课程主题:	日期:
评价量规	学生自评	学生互评	教师评价
字母(我会辨)			
单词(我会认)			
歌谣(我会唱)			
练习(我会做)			
阅读(我会读)			
规则(我发现)			

(课程提供者:杨成燕)

课例研究 I　A day on the farm

适用年级：小学三年级

一　教材分析

本单元是沪教牛津版（深圳用）三年级下册Module3　My colourful life 中的 Unit9 A day on the farm，属于"人与社会"和"人与自然"主题范畴。其中，学习农场规则隶属于"人与社会"中的"社会服务与人际沟通"主题群，认识农场动物隶属于"人与自然"中的"环境保护"主题群。该模块主要谈论的是孩子们的多彩生活，本单元谈论的主题是在农场的一天。教材内容包含两个语篇，一组核心词汇和一组语音。语篇一为老师带学生去参观农场，在农场外了解农场规则并听到动物叫声的情境；语篇二为老师带学生进入农场，MacDonald 向大家介绍农场动物的情境，核心词汇为 cow, horse, pig, sheep，语音为字母"l"和"r"的发音。

《义务教育英语课程标准（2022年版）》建议加强单元教学的整体性，教师要强化素养立意，围绕单元主题，充分挖掘育人价值，确立单元育人目标和教学主线；深入解读和分析单元内各语篇及相关教学资源，并结合学生的认知逻辑和生活经验，对单元内容进行必要的整合或重组，建立单元内各语篇内容之间及语篇育人功能之间的联系，形成具有整合性、关联性、发展性的单元育人蓝图。

本课例在"人在不同场所中需要遵守相关社会规则"和"人与自然相互依托"的大概念的统领下，对教材文本进行大胆再构。以孩子们到农场参观，认识农场动物并学习农场规则为主线，按照参观前、参观中、参观后的顺序，把本单元分成前后关联的三个课时。第一课时主题为 Getting to know the farm，对应的栏目是 Listen and say, Look and learn, Learn the sounds，创设孩子们在农场外了解农场大概情况，学习农场规则的情境，要求学生能够运用核心词汇 cow, horse, pig, sheep 及核心句型 What can you hear/see? I can hear/see... 询问和回答听到或看到的动物，并能描述它们的大概特征,同时学习关于农场的各种规则;第二课时主题为 A day on the farm,对应的栏目是 Say and act, Play a game,创设孩子们进入农场近距离参观农场动物的情境,要求学生能够运用核心句型 This is/These are ..., It's/They're ..., It likes/They like ..., It goes .../They go ... 描述农场动物的特征,会在真实情境中应用农场规则;第三课时的主题是 A poster of the farm,为拓展延伸课,创设孩子们从农场回来后分享农场所见所闻的情境,要求学生能够运用本单元重点单词和句型描述农场所见所闻,同时制作农场宣传海报,劝阻不文明行为,是单元学习效果的有效检验。

二 学情分析

三年级的学生,经过一、二年级的英语学习,以视听说的方式积累了一部分关于动物的词汇和关于动物特征的相关句型,具有一定的知识储备,为本单元的学习作好了铺垫。

此外,三年级的英语学习与一、二年级最大的区别,不再是纯视听说,已经过渡到读写,要求学生在听说的基础上,学会书写单词和简单句子。本单元所涉及的动物词汇,学生基本已经能听、会说、能认。因此本单元的教学重点放在让学生能够正确书写单词,能够根据图片提示写出简单的句子,能够在实际情境自由运用核心词汇和句型进行交际。

三 教学目标

(1) 能够运用以下句型从不同方面描述动物。

This is/These are ... (animal)

It's/They're ... (colour)

It's/They're ... (size)

It likes/They like ... (hobby)

It goes/They go ... (sound)

Don't ... (rule)

（2）能够在真实情境使用祈使句型 Don't... 来提醒和劝阻别人不要做某事情。

（3）能够运用核心句型完成介绍动物的小语篇，制作动物资料卡。

四 教学重点

能在情境中运用核心句型描述动物，并能在情境中正确使用 Don't 祈使句劝告别人不做某事。

五 教学难点

区分 This is/These are... It is/They are... 单复数的使用和描述；将描述动物的核心句型串成介绍动物的小语篇。

六 教法学法

情境教学法、直观教学法、交际法、任务型教学法。

七 教学工具

多媒体平台、教学 PPT、句型卡片、学习任务单。

八 教学过程

Ⅰ. Warming（2 分钟）

Step1. Let's play

◆ 学生活动：学生投掷骰子完成通关复习游戏。

T: I am Old MacDonald. Today we are going to the farm. But you should win the key. Here is a game. Let's play together!

S: (Play the game)

T: Great! You get the key. Now let's enter the farm! Today we are going to learn Unit9 A day on the farm period 2.

◆ 设计意图:串联上一节课的情境,复习所学单词,为本节课语言操练与输出作准备。

◆ 过程评价:给上台的学生进行加分鼓励。

Ⅱ. Presentation (19分钟)

Step1. Let's watch

◆ 师生活动:教师播放孩子们来到农场参观的视频,学生整体感知情境及文本。描述动物的外貌特征、习性和叫声;完成挖空文本。

◆ 设计意图:以观看视频方式,整体输入文本,渗透语篇意识。

◆ 过程评价:以小组比赛的方式进行课堂评价,给积极发言和跟读的学生所在小组加分奖励。

◆ 对话内容:

  Old Macdonald: This is a pig.

  Ron: It's pink.

  Luke: It's fat.

  Matt: It likes sleeping.

  It goes oink oink.

S: (Listen and follow)

Step2. Let's learn

T: The pig likes sleeping. Follow me. Sleeping. Sleeping. It likes sleeping.

S: (Listen and follow)

◆ 设计意图:在语境中了解动物的体貌,习性等特征。学习习性单词 sleeping。

◆ 过程评价:给积极发言的学生加分奖励。

15

Step3. Let's say

T: How is the pig? Now I am Macdonald. You are the children.

S: (Look and say the features of pig)

◆ 设计意图:通过角色扮演问答,学生初步对文本进行理解,体会动物的可爱与特别之处。

◆ 过程评价:给答对的学生加分奖励。

Step4. Let's choose

◆ 学生活动:学生观察动物的情绪,使用麻吉星选择正确标识帮助动物。

T: Look, something is wrong. Is it happy?

S: No, it is sad.

T: Can you help it? Please choose a sign for the pig.

S: (Think and choose)

T: We should not throw stones. Now, the little pig is happy.

◆ 设计意图:理解规则,能在情境中正确使用 Don't 祈使句劝告别人不做某事,在懂得表达对动物喜爱的同时,知道要保护和善待动物。

◆ 过程评价:使用麻吉星对选择正确的学生进行加分激励。

(用相似形式学习另外3个动物的特征及对应文本内容)

挖空文本内容1:

Sheep: These are some sheep.

They are white.

They are short.

They like jumping.

They go baa, baa.

Jumping. They like jumping.

Sign for the sheep: Don't litter.

挖空文本内容2:

Cow: It is a cow.

It's black and white.

It's strong.

It likes eating grass.

It goes moo, moo.

Eating grass. It likes eating grass.

Sign for the cow: Don't walk on the grass.

挖空文本内容 3：

Horse: These are some horses.

They are brown.

They are strong.

They like running.

They go neigh, neigh.

Sign for the sheep: Don't open the gate.

◆ 设计意图：引导学生完成挖空对话，从扶到放，逐步培养学生的自主学习能力，学会从不同方面对动物进行介绍。

Ⅲ. Practice (5分钟)

Step1. Pair work

◆ 生生互动。

T: We've saw some animals. Now let's go to the Farm Museum! Please share the animals you like with your partner and your partner guesses.

◆ 设计意图：同桌扮演角色表演对话，进一步形成对介绍动物语篇的理解和运用，同时加强生生互动。

◆ 过程评价：从语言、情感、动作等方面的表现，给小组加分。

Step2. Do a show

◆ 生生互动：以同桌两人为单位上台展示角色扮演，其他小组使用麻吉星给表演小组打分。

◆ 设计意图：为学生提供展示平台，增强学生自信心。

◆ 过程评价:根据学生上台展示的表现,由其他组给表演学生评分。

Ⅳ. Production (10 分钟)

Step1. Say and write

◆ 学生活动:介绍自己最喜欢的动物,并完善资料卡。

◆ 设计意图:以说带写,渗透语篇意识,培养语言综合运用能力。

◆ 过程评价:完成小练笔后,学生在小组内分享。

Step2. Do a show

◆ 生生互动:个人上台展示角色扮演,其他小组使用麻吉星给分享的学生打分。

◆ 设计意图:为学生提供展示平台,增强学生自信心。

◆ 过程评价:根据上台展示的表现,由其他学生给分享的学生评分。

Ⅴ. Summary (2 分钟)

Step1. Sum up the key sentences

◆ 师生活动:串联上一节课的情境,复习所学单词,为本节课语言操练与输出做准备。

◆ 设计意图:通过小结,回顾本课重难点。

板书设计:

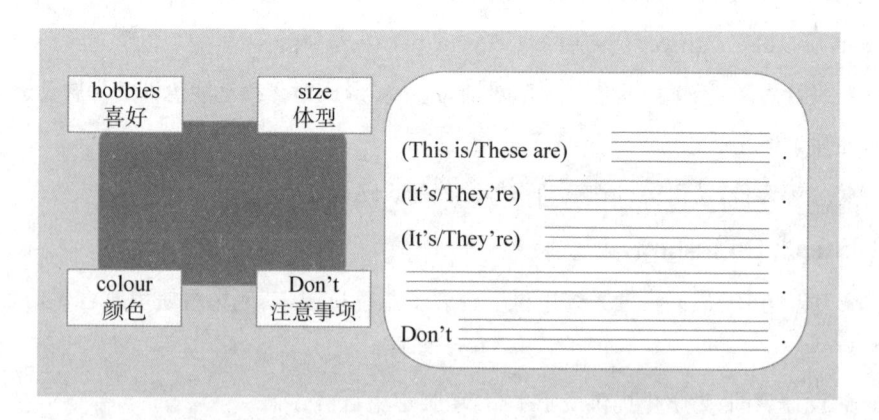

hobbies 喜好	size 体型	(This is/These are) _____.
		(It's/They're) _____.
		(It's/They're) _____.
colour 颜色	Don't 注意事项	Don't _____.

九 作业设计

基础性作业（必做）

1. 农场小帮手 Check and write（书面作业）

同学们，Mr MacDonald 在管理农场时，不小心把动物的英文名称写错了，你能看图观察，写出正确的英文吗？注意单复数的使用。（2 分钟）

◆ 设计意图：帮助学生巩固重点单词，以及单复数的运用。

作业来源：原创自编。

评价标准：书写整洁美观，能够将单词书写正确，并且正确使用单复数形式得 3 星；能够书写出重点单词，但个别单词单复数形式有错误得 2 星；能够正确书写出个别单词得 1 星。

2. 记录小能手 Look and write（书面作业）

同学们，在参观农场之后，你肯定对农场印象深刻吧？请你根据照片，看一看，写一写，补充句子并且进行模仿，帮 Mr MacDonald 完成动物资料卡吧。（5 分钟）

◆ 设计意图：帮助学生复习动物习性，巩固单词和句型运用。

作业来源：原创自编。

评价标准：书写整洁美观，能根据图片补充正确信息，能熟练运用句型得 3 星；能够正确书写出大部分单词，并且能正确运用句型得 2 星；只能正确书写出个别单词，句型运用不够规范得 1 星。

3. 我是介绍家 Look and Say（非书面作业）

同学们，农场来了游客，你能模仿 Mr MacDonald，为游客介绍一下农场吗？一起来说一说吧！（3 分钟）

◆ 设计意图：锻炼学生的语言运用能力和模仿能力，在情境中完成口语练习。

作业来源：原创自编。

评价标准：声音洪亮，发音标准，情感丰富，能够准确模仿语句并且适当创新得 3 星；声音洪亮，发音标准，情感丰富，能够模仿语句得 2 星；声音、发音、情感有待提升，能够模仿语句开口说得1星。

拓展性作业

（三选二）

1. 我是观察家 Look and choose（书面作业）

同学们，相信你对以下动物一定很了解吧，你能根据它们的照片，为它们选择适合的单词吗？试一试吧。（5分钟）

◆设计意图：巩固学生对本单元重点动物单词的掌握，以及动物习性、特征的掌握。

作业来源：原创自编。

评价标准：能够根据图片准确地选择适合的单词，使句子合理通顺，熟悉动物的特征、习性得3星；能够根据图片准确地选择大部分单词，比较熟悉动物的特征和习性得2星；能够选择单词，但存在错误，对动物的特征、习性等了解不够得1星。

2. 农场守护者 Write and draw（书面作业）

同学们，农场好像"受伤"了，上面的标语已经破旧不堪了，请你根据图片写出正确的标语，并画一画进行设计，让标语更丰富、吸引游客的注意。（20分钟）

◆设计意图：考验学生的观察能力，培养学生对社会公约的遵守意识，并能够进行自己的创新呈现。

作业来源：原创自编。

评价标准：能够发现农场的问题，写出正确的标识，能够画出有创意的标语形式得3星；能够发现问题并且写出标语，对标语进行绘制得2星；农场的问题与写出的标语有不对应之处，绘制的标语比较普通得1星。

3. 农场分享家 Share and say（非书面作业）

农场太有趣啦，Tom在做农场分享，你能模仿一下，跟家人或者朋友分享农场吗？来试一试吧。（5分钟）

◆设计意图：考验学生的语言表达能力和信息整合能力，学生要对重点词、句掌握并加以整合运用。

作业来源：原创自编。

评价标准：能够根据图片准确地、流利地介绍农场的动物、标语等，并且能表达个人的情感态度得3星；能够根据图片介绍农场的动物、标语等，能够表达个人情感态度得2星；能够介绍农场，但缺乏完整性、连贯性得1星。

(课例提供者：杨成燕　廖靖琪　江均现)

项目学习 Ⅰ 多彩中秋

适用年级：一、二年级

一 指导思想

《深圳市教育局关于加强义务教育学校作业管理的通知》明确指出了创新作业的类型方式。各学校要健全以学科组为单位的作业设计校本教研机制，强化基础性、个性化、分层弹性作业设计，加强综合性、项目式、主题式、大单元作业设计，以及科学探究、体育锻炼、艺术欣赏、社会与劳动实践等非书面作业设计。

学校改变传统的从知识逻辑出发的设计思路，转为以经验逻辑为指导，实现学生在实践性学习中的成长。

二 项目主题

我和月儿过中秋。

三 项目菜单

活动一：诵读中秋美

1. 月亮的名字

月亮姐姐还有哪些名字呢？试着查查资料，学会至少 3 种月亮的别称。

2. 咏月诗赛

读背一首咏月诗，可以和爸爸妈妈一起比比看谁读得好、背得快。

3. 备注

（1）一个项目中有两个活动的，可选择其中一个完成。

(2) 多种展示方式任你选(家长以自愿为原则):

①拍张温馨的照片;

②拍个欢乐的小视频;

③提供一幅独具个性的图画作品;

……

活动二:数说中秋趣

1. 找一找

寻找和中秋有关的物品或食品,说出它们的个数,拍摄一个短视频或编成一首小童谣。参考童谣为《中秋数字歌》。

2. 画一画

以中秋和 0—10 数字为主题画一幅 A4 纸大小的画。

活动三:英咏中秋意

1. 单词说说说

小朋友,你会读关于中秋节的单词吗,试一试哦:Moon、mooncake、rabbit、Chang'e。

2. 跟读试一试

跟着视频读一读英文版的《静夜思》,你也可以配上音乐和动作哦,加油呀!

活动四:悦动中秋魂

蹦蹦跳跳健体魄,快乐传承中华魂。每天坚持跳绳 3 组,做健康阳光的小纵子。

活动五:手动中秋情

动动脑,动动手,和家人一起拼个创意中秋水果拼盘,再来一张温馨动人的中秋赏月或者团圆的全家福,为中秋佳节添味儿。

四 多元评价

科学的评价方式对学生的发展能起到促进作用,能让学生学习状态得到及时的反馈,让学生及时调整自己的学习状态。结合我校"东纵好少年"学生形成性评价体系,推动学生综合素质的发展,把学生培养成具有东纵精神、民族情怀、创新能力和国际视野的阳光少年。

1. 蓄力"东纵好少年"

根据学生作业内容,结合我校"东纵好少年"学生形成性评价体系,给予劳动章、尚德章、尚美章、健体章、乐学章以作鼓励。

2. 优秀作品展

期待"小纵子"们的精彩展现,家长们可以自愿将作品发班级群,学校将择优在公众号展出。

五 扩展内容

1. 关于月亮的别称

自古以来,月亮就是个永恒的话题,千百年来一直成为文人墨客笔下所吟咏的对象。月亮在中国文化中象征意义十分丰富,她是美丽的象征,也是人类情感的载体,表达了人们对故乡和亲人朋友的怀念。

下面我们就来看一看,古人对月亮的别称有哪些:

(1) 因初月如钩,故称银钩、玉钩;

(2) 因弦月如弓,故称玉弓、弓月;

(3) 因满月如轮、如盘、如镜,故称金轮、玉轮、银盘、玉盘、金镜、玉镜;

(4) 因传说月中有兔和蟾蜍,故称银兔、玉兔、金蟾、银蟾、蟾宫;

(5) 因传说月中有桂树,故称桂月、桂轮、桂宫、桂魄;

(6) 因传说月中有广寒、清虚两座宫殿,故称广寒、清虚;

(7) 因传说为月亮驾车之神名望舒,故称月亮为望舒;

(8) 因传说嫦娥住在月中,故称月亮为嫦娥;

(9) 因人们常把美丽的女子比作月亮,故称月亮为婵娟;

(10) 因月亮冰清玉洁,故称月为玉壶。

2. 与月亮有关的诗

静夜思

唐·李白

床前明月光,疑是地上霜。

举头望明月,低头思故乡。

古朗月行

唐·李白

小时不识月,呼作白玉盘。

又疑瑶台镜,飞在青云端。

中秋登楼望月

宋·米芾

目穷淮海满如银,万道虹光育蚌珍。

天上若无修月户,桂枝撑损向西轮。

3. 中秋数字歌

一个月亮一个饼,两个月饼并排坐,

三个月饼你我他,四个月饼成双对,

五个月饼分大家,六个月饼味道好,

中秋赏月月光明,合家团圆乐开花!

4. 与中秋有关的英语

Moonlight before my bed.

It might be frost.

Head up, I watch the moon.

Head down, I think of home.

(创意设计者:苏红梅 黄奕敏 杨成燕 郭惠怡 陈敬宇)

评价创意 Ⅰ 巧手分类，绿色生活

适用年级：一年级

一 指导思想

东纵小学结合《深圳市生活垃圾分类管理条例》及《2022年坪山区创建生活垃圾分类蒲公英校园的实施方案》文件的指示，2022年暑假特开展"人人都是蒲公英"的生活垃圾分类专题实践活动，做深圳市生活垃圾分类公众教育蒲公英计划的践行者。2022年暑期我们将以校园为阵地，以创建活动为载体和抓手，带动全校师生通晓垃圾分类，让师生成为垃圾分类的倡导者和实践者，为打造"全国最干净城市"贡献一份力量。

假期以家庭为单位，小手拉大手，全家人一起了解和熟悉垃圾分类的相关知识，并运用于家庭实践。同时，大力倡导以节约、绿色和低碳为主题的生产生活方式和消费习惯，营造全社会爱护环境的良好氛围。并注意将劳动与德智体美相结合，进行跨学科主题活动，五育并举，身心齐发展。

二 活动主题

巧手分类，绿色生活。

三 作业内容

（一）规定动作

1. 垃圾分类进我家，争做分类小能手

垃圾分类先从每个人的小家做起，从正确分类和适时投递垃圾都能丰富垃圾分类的知识,更增强大家自觉参与垃圾分类的意识,让垃圾分类进入千家万户。

(1) 四种分类巧记牢

自己和家人能根据垃圾桶的颜色和图标快速辨别"四分类"垃圾桶的类别,并能正确分类投放生活垃圾。

(2) 厨余垃圾我处理

能定时定点投放厨余垃圾(每晚19:00—21:00)。

2. 垃圾减量点滴起,节能减排我先行

"一粥一饭当思来之不易,半丝半缕恒念物力维艰。"我们提倡"厉行节约、反对浪费"的社会风尚。绿色环保的生活需要我们从源头做起,减少垃圾的产生,践行绿色低碳、环保健康的生活理念。垃圾减量我参与,共建绿色新生活,一起保护我们可爱的地球吧。(1)争做光盘小达人,不浪费粮食,吃多少做多少,外出用餐按需点餐,剩菜打包;(2)环保减塑我行动,减少一次性塑料制品的使用,尽量使用环保袋、环保杯和环保餐具;(3)节约惜物正当时,通过爱心捐赠或参加社区"旧物漂流""二手市场"等活动进行物品交换,延续旧书本、旧文具、旧校服、旧家具的使用寿命。

3. 垃圾分类进社区,处处洒满蒲公英

以家园合作、小手拉大手的形式,通过我们的行动影响身边人,开展垃圾分类宣导活动,全面推进垃圾分类工作,共建美好社区。这可以提升社区的文明程度,建设社区形象,让广大的社区成员意识到垃圾分类和保护环境的重要性。

(1) 友亲睦邻同学习

学生积极向自己的亲戚和邻居进行生活垃圾分类和减量的宣导活动,并督促他们养成垃圾分类的好习惯。"夜间分类督导"活动可以通过"深分类"进行预约(登录"深分类"—点击"志愿督导"—点击"视频学习"并通过测评—正式预约),公益服务时间会自动在后台录入,并计入义工服务时长,可以成为学生"综合素质评价"的重要依据。

(2) 督导分类小导师

学生参加社区19:00—21:00厨余垃圾分类的"夜间分类督导"活动。

4. 星星火炬入社区,少先队员任在肩

对于垃圾分类,少先队员有自己的小经验和小心得。少先队员戴上红领巾,参与社区生活垃圾分类宣导活动,普及绿色环保的生活理念。

（二）自选动作

1. 纵智伴劳动

在进行思考创造动手实践的同时,感悟劳动的意义,歌颂劳动人民的伟大!

(1) 巧手再回生,资源再利用:整理家里的垃圾,动脑思考,动手尝试,进行废物利用,制作属于自己的作品。

(2) 诗文赞劳动,歌颂劳动情:背诵一首赞扬劳动的诗歌,体会劳动人民的伟大,感悟劳动的意义。

2. 纵美入劳动

劳动最光荣,劳动者的美丽最动人,拿起你的画笔,唱出你的歌声,献上你对劳动的赞美吧!

(1) 画笔绘劳动:观察生活中的劳动场景,用画笔描绘你看到的劳动场景或者劳动者。

(2) 歌声唱劳动:学唱一首歌唱劳动的歌曲,在歌声中感受劳动的美好与伟大。

3. 纵德携劳动

在劳模故事中感悟劳模精神,英雄不止在烽火间,平凡的劳动者同样有他们的伟大。

(1) 劳模故事我来讲:向家人讲述一则劳模的故事,比如雷锋叔叔的故事等,感悟劳模精神。

(2) 劳动实践我能行:在暑假去参观劳动实践基地或者自家的农耕园等,进行劳动体验。

4. 纵体助劳动

劳动不光要有智慧和决心,更少不了健康强劲的体魄做支撑,在劳动中增长的不只有技能,更能强健体魄,劳与体互促互进。

健体日日行:坚持运动打卡,不限运动形式,一周内打卡三次即达到目标,为做好劳动锻炼体能。

四 作业评价

科学的评价方式对学生的发展能起到促进作用,能让学生学习状态得到及时的反馈,让学生及时调整自己的学习状态。结合学校"东纵好少年"学生形成性评价体系,对学生的暑假作业成果进行多元评价,推动学生综合素质的发展,把学生培养成具有东纵精神、民族情怀、创新能力和国际视野的阳光少年。本评价方案不再仅仅局限于对学生书面知识掌握的片面评价,而是转向以经验逻辑为指导的更加全面系统的评价方式。

(一)蓄力"东纵好少年"

根据学生作业内容,结合学校"东纵好少年"学生形成性评价体系,给予乐学章、劳动章、尚德章、尚美章、健体章以作鼓励。

劳动章:全部项目。

乐学章:巧手再回生、资源再利用、诗文赞劳动、歌颂劳动情。

尚德章:劳模故事我来讲、劳动实践我能行。

尚美章:画笔绘劳动、歌声唱劳动。

健体章:健体日日行。

(二)评选"暑假行知之星"

各班评选一位班级"暑假行知之星",从中推选出一位优秀学生,参加区综合实践活动"暑假行知之星"的评比。

(三)优秀作业展

开学初,学校将开展暑假作业的展示与交流活动,每班进行优秀暑假作业评选,将评选出的优秀作品在班级、学校的展览区域中进行展示,并对获奖学生进行颁奖表彰,同时在学校微信公众号进行推送。

(创意设计者:杨成燕　陈敬宇　罗薇　赖小莹)

第二章
从学科逻辑到问题逻辑

学科逻辑是知识关联逻辑，能指导知识结构化、把握学科独特思维方式。但学科逻辑比较关注单一学科，倾向于知识的传授；问题逻辑则以"问题发现"和"问题解决"为要旨，通过"问题链"来组织和推动教与学，将知识问题化，问题思维化，思维实践化，促进深度学习的发生和发展。从学科逻辑到问题逻辑关键在于链接生活，用真实问题情境夯实建构基础，同时用"问题链"引领实践任务；最终指向"应用"，用问题促使学生将知识在新情境中进行运用、迁移、转换。

知识由符号形式和逻辑形式构成,其中符号形式是人对世界的具体看法或认识结果,而逻辑形式是人认识事物的方式方法和过程。从知识的角度来看,学科逻辑是指按照一定的理论方法,使学科中的各个知识点串联起来而形成线索结构。学科逻辑是知识关联逻辑,可以指导知识结构化、把握学科的独特思维方式。

利用学科逻辑指导教学,既能帮助学生把握学科知识的内在关联,促进学科知识结构化,又能帮助学生用学科的方式去感知、分析、思考和想象,形成学科独特的思维视角和思想方法。基于学科逻辑组织教学,可以通过有逻辑的"教"启发学生有逻辑的"学",并促使学生根据学科逻辑有意识地检视自身的学科认知活动,积极地进行调节和监控,在知识与思维的双向碰撞中,提高学科认知水平。

但学科逻辑往往比较关注单一学科,倾向于知识的传授。学科逻辑下的课程注重知识的分类和逻辑体系,关注基本概念、基本原理和知识结构的系统性安排,是每个学科领域知识最权威、最集中的汇聚地,同时也是最高效的知识获取方式。因此,学科课程长期占据绝对优势地位。[1] 但是社会各领域关键性问题的解决使得某一种专门的知识不再单独胜任。并且,原有知识的价值和使用总是强烈地依赖于相关知识的联系和交叉,这已经成为不可争辩的事实。可以说,单一学科的局限性正在限制人类对复杂世界的全面认识和深入探索。

进入21世纪,指向"核心素养"的教育改革成为世界性潮流。这意味着学校教育目标的刷新——从"知道什么"到运用知识"能做什么"的教育范式的转型。[2] 有效的教学不仅是传授知识,更要激发学生的好奇心,提高问题解决能力,促进学生高阶思维的发展。基于问题逻辑的教学方式就是一种富有挑战性的、能够最大化挖掘学生潜能的教学策略。

基于问题逻辑的教学方式认为问题是引发思维活动的源泉,可以用问题整合相关学习内容,以"问题发现"和"问题解决"为要旨,通过"问题链"来组织和推动教与学,将知识问题化、问题思维化、思维实践化,促进深度学习。该方式围绕质量高、外延大和挑战性强的核心问题引导学生独立思考、深入探究,使学生从传统的被动接受者转变

---

[1] 孙宽宁.学科课程跨学科实施的学理与路径[J].课程·教材·教法,2023,43(7):4—10.
[2] 钟启泉.基于"跨学科素养"的教学设计——以STEAM与"综合学习"为例[J].全球教育展望,2022,51(1):3—22.

为积极的参与者,培养学生独立思考和解决问题的能力,综合发展认知能力和高阶思维。

当然,问题的设计不能漫无目的,而应有学科逻辑的清晰指引。在实践性学习中,应以学生为中心,以学科逻辑为依规,使学生在真实问题解决中,迁移调用学科基本原理和思想方法,促进素养的形成和发展。因此问题逻辑与学科逻辑也并不是完全分割的。

在教学活动中,教师要善于提出问题或引导学生提出问题,留足学生思维活动的空间,让学生在解决问题时基于自身的知识经验和内容理解进行知识的"再创造",最终形成知识系统结构。此时,教师是学生学习的帮助者,学生是学习的主人。

学科逻辑以追求对世界的专业认知为主要目标,是挖掘生成知识的过程。但学科知识体系化建构的过程,也是逐步脱离其原始生成情境的过程,是与具体的现实世界疏离的过程,但这并不意味着学科知识永远丧失了现实活力。问题逻辑则希望充分利用已有学科知识解决综合性社会现实问题,实现知识的有效应用[1]。在问题逻辑下的教学则希望教师激活学科知识的现实意义,帮助学生完成知识生产与应用的融合贯通。

怎么从学科逻辑到问题逻辑?

链接生活:用真实问题情境夯实建构基础。在理解丰富复杂情境的过程中,学习者能在新知识和原有知识之间建立联系、产生不平衡进而生成问题;同时掌握复杂概念、深层知识等非结构化知识,实现对知识的深刻理解与内化[2]。因此,在真实合理的情境中产生真实具体的问题,让学生置身于情境中,学生能积极主动地架构自我生活经验、认知经验与新知识的关联,从而形成认知冲突。这种认知冲突能充分地让学生卷入到生动的、富有挑战性的学习活动中。

情境中产生的驱动问题是问题逻辑导向教学的起点,它会推动学生展开观察、思考、探究。驱动问题的确定首先要立足于课程标准,特别是核心素养,以此为据,确定教与学的深度和广度。其次,要从生活实际出发,解决生活实际问题是学习的意义所

---

[1] 孙宽宁.学科课程跨学科实施的学理与路径[J].课程·教材·教法,2023,43(7):4—10.
[2] 方立新,刘新春.促进数学高阶思维实现的问题驱动教学——以"函数单调性"一轮复习为例[J].数学通报,2023,62(4):49—52.

在，来自生活实际的核心问题能够让学生感受到知识无处不在。让学生利用所学去解决生活实际问题的方法与过程，能培养其在生活中形成问题意识，激发学习内驱力，实现真正的深度学习。

助推"探索"：用"问题链"引领实践任务。"问题链"是一组问题的集结，它具有整体性、结构性，蕴含着学科知识的结构和整体。在核心问题确定后，教师要将核心问题拆分为逐步展开的子问题，再围绕子问题设计相应的学科活动，由此才能形成"问题链"。

子问题的类型要多样，如应用性问题、开放性问题、实践性问题等。一方面，利用不同类型问题的优势，有针对性地发展学生的能力与素养；另一方面，多样的学科活动，能够让学生保持探究的新鲜感，促进他们全身心和全程参与学习过程。

子问题的设计要有关联，例如并列性的问题、层次性的问题或递进性的问题等。问题逻辑就是通过一个个问题之间的相互关联和衔接，围绕一个学科大概念构建注重整体性、有序性、系统性的完整问题链或问题生态。同时，问题本身符合学生认知规律，即"感性到理性""具体到抽象""简单到复杂"，问题从低阶思维向高阶思维的过渡，最终以激发高阶思维为目的。

在课堂中，问题链能帮助学生开启思维之门，使课堂的结构性、整体性和统一性更强。学生在问题的引领下拾级而上，通过链条中每个节点问题的解决，最终实现复杂问题的解决。这样的问题链，给学生的思维过程搭建了脚手架，降低了学生的思维难度，使学生循序渐进地解决问题[1]，助推学生对知识的分层建构。

指向"应用"：通过解决问题引导学生建构知识。问题逻辑导向的教学，其根本性的宗旨是发展学生的思维，尤其是发展学生的高阶思维。问题逻辑导向的教学，不仅要引导学生建构知识，还要引导学生思考、探究学科知识，更要引导学生应用知识。通过知识的应用，一方面能了解学生的认知状态，掌握学生的具体、动态学情；另一方面能让学生感受、体验到学科知识的意义和价值，能让学生感受到学科知识就在身边，进而对学科知识产生一种亲近感。

---

[1] 胡久华，郇乐.促进学生认识发展的驱动性问题链的设计[J].教育科学研究，2012(9)：50—55.

通过解决现实问题可以实现学习和研究的同时空共在,这需要教师在熟悉现实的基础上选择兼具认知性和价值性的综合实践问题,引导学生积极主动去质疑、反思、审视,并在解决问题的过程中,自然而然地进行知识迁移和创新实践。

总之,以问题逻辑组织教学,目标和任务始终切准核心素养,以驱动性问题引发学生思考,实现知识的重组,促使学生将知识在新情境中进行运用、迁移、转换,有助于形成系统性知识,提高发现问题、分析问题和解决问题的能力,发展高阶思维。

(撰稿人:赖小莹)

课程展台 Ⅰ 生活中的大数学

适用年级：小学一至四年级

为了促进学生高阶思维的发展，数学学科组将课堂教学的"大问题"教学思路迁移延伸到学生的课外数学实践中，将数学与生活联系、与多学科融合设计了"生活中的大数学"校本课程，以任务群的方式项目化开展数学活动，让学生在生活的大情境下解决数学问题，在活动中应用数学知识并解决生活中的数学问题，锻炼提出问题、分析问题、解决问题的能力，发展高阶思维。

本课程的活动以新课程标准为依据，以题材内容生活化、形式多样化、教学活动实践化等多种形式为宗旨。尊重学生的主体地位和主体人格，培养学生自主性、主动性，发展学生的思维，开发学生的潜力，力求体现我们的智慧秘诀："做数学，玩数学，学数学。"

"生活中的大数学"校本课程，每个学年的课程设计共有一到两个主题，每个主题有三到四个任务，每学期四到六个课时。每个主题均紧密结合本学期学生所学数学知识，从数学知识的应用、数学知识的拓展和数学与其他学科的融合等方面展开，丰富学生应用数学的经验，培养学生在生活中应用数学的意识，增强数学应用能力，培养逻辑性思维、发散性思维、创新性思维和综合性思维等高阶思维。校本课程设计如下。

表2-1 "生活中的大数学"校本课程设计

探究主题	探究任务	对应教材知识点	融合点	发展思维类别
生活中的大数学（一年级）				
生活中的数字	哪个数字最好看	生活中的数	美术	创新性思维
	成语里也有数字	生活中的数	语文	发散性思维
	我最擅长比一比	生活中的数	生活	发散性思维
一起玩转数学	我是购物小能手	加与减（二）	生活	综合性思维

(续表)

探究主题	探究任务	对应教材知识点	融合点	发展思维类别
	20点趣味游戏	加与减(二)	游戏	发散性思维
	钟表里也有数学	认识钟表	生活	创新性思维
生活中的大数学(二年级)				
会用尺测量生活	生活中的一厘米	测量	生活	发散性思维
	制作独特的直尺	测量	美术	创新性思维
	身体上的数学秘密	测量	生活	发散性思维
	教室有多长	测量	生活	逻辑性思维
购物中的大学问	钱币兑换游戏	认识人民币	生活	发散性思维
	小小调查员	认识人民币	生活	逻辑性思维
	商店欢乐购	认识人民币	生活	发散性思维
	班级旧物市场	认识人民币	生活	发散性思维
	货币大讲堂	认识人民币	历史	创新性思维
生活中的大数学(三年级)				
光阴的故事	日历中的秘密	年、月、日	生活	逻辑性思维
	共同的休息日	年、月、日	生活	逻辑性思维
	我的作息表	年、月、日	生活	发散性思维
	制定班级节日	年、月、日	生活	发散性思维
爷爷的农场	门票风波	最优策略	生活	逻辑性思维
	蔬菜定价	乘除法	生活	逻辑性思维
	今天我当家	乘除法	生活	发散性思维
	班级菜场	乘除法	生活	发散性思维
生活中的大数学(四年级)				
四季轮转的天地	美丽的中国之最	认识更大的数	地理	综合性思维
	古老的计数方法	认识更大的数	历史、美术	逻辑性思维
	奇妙的中国颜色	线与角	美术	创新性思维
三日自驾游规划	食宿准备	乘法、运算律	生活	逻辑性思维

(续表)

探究主题	探究任务	对应教材知识点	融合点	发展思维类别
	路线拟定	方向与位置	生活	逻辑性思维
	行程规划	方向与位置	生活	逻辑性思维

其实数学无处不在，它蕴藏在我们生活中的每一个角落，小到日常生活中的柴米油盐，大到个人投资理财、置业经商，无处不渗透着数学，很多问题需要我们使用数学知识来解决。我们将生活中经常遇到的数学问题予以具象，归纳总结，并用数学的方法给予分析和解答。

如在二年级的"购物中的大学问"主题中，让学生化身小小调查员，进入超市调查。如果给你100元，你会买哪些东西回家？学生在完成任务时，首先进入生活情境中，亲身感受人民币的价值。在化身"调查员"时，学生为了凑齐100元的商品，运用了二年级100以内数的加减法知识。同时让学生自己规划用款，还训练了学生的财商。最后让学生用喜欢的方式呈现出来，作品丰富多彩。

课程通过生活化的情境和趣味数学游戏活动等方式，能够让学生"做数学、玩数学、学数学"，以有趣、浅显的方式贴近学生，激发学生的学习兴趣，让学生真正地主动参与到数学学习当中。这不仅有利于帮助学生学习数学知识，还能提高学生的数学思维能力、观察能力、想象能力、分析能力和逻辑推理能力。

如在四年级上册中的"三日自驾游规划"主题中，通过让学生自主规划从家出发到九寨沟的自驾游行程和安排过程中的衣食住行，让学生在这个项目式任务中运用乘法、运算律、路程速度时间、单价数量总价、方位等四年级所学数学知识，同时锻炼他们规划方案、提出问题、分析问题和解决问题的能力。

(课程设计者：郭惠怡　汪杰玲　庄家淇　邓可扬)

课例研究 Ⅰ 身体尺能做尺子吗？

适用年级：小学二年级

该课例来自二年级跨学科主题活动"身体上的尺子"。二年级下册,学生在学习完毫米、厘米、分米、米等常用的长度单位后,通过"身体上的尺子"主题活动,学会综合运用相关知识,在测量活动中联系身体尺和所学长度单位,积累测量经验,发展估测意识和估测能力,发展量感和应用意识。在此基础上,学生将数学联系历史发展,领悟中国古人的智慧和优秀的中国传统文化。再在实践活动中,学生综合运用数学、美术、科学等相关知识,通过完成制作身体尺地图的活动任务,发展核心素养。

一 教材分析

本课的教学内容是根据课标中的第一学段的主题活动"身体上的尺子"设计的,"身体上的尺子"属于运用数学知识及其他学科知识的主题活动。活动旨在让学生综合运用数学知识解决问题,体会数学知识的价值以及数学与其他学科知识的关联。

现行的北师大版教材内容与课标中"身体上的尺子"主题活动对应的是二年级上册"数学好玩"中的"寻找身体上的数学'秘密'"。教材中的数学实践活动是学生在学完了长度单位米、厘米之后设计的,教材的设计主要是让学生通过测量自己身体上的一些"长度",并找一找这些"长度"之间的关系,发现身体上数学的"秘密"。再通过一个阅读活动和测量活动,让学生知道身体上的"长度"可以用来测量,并尝试用身体尺测量。北师大版二年级数学下册第四单元,教材内容是学习分米、毫米等长度单位。本课例将二年级上册和下册整合,设计单元整体的综合实践主题活动,让学生综合运用所学长度单位,积累测量经验,发展量感。

二 学情分析

用"身体上的尺子"测量生活中的物体或空间其实是生活中估测物体长度的一个重要方式,学生要经历充分的测量活动,积累测量的经验,并将测量的结果和数学所学的长度单位联系才能较为准确地估测出物体的长度。学生在二年级上册学习了长度单位厘米和米,在二年级下册学习了毫米和分米,分米在生活中也是常用的长度单位,毫米在身体上也能找到对应大约为1毫米的身体长度。因此,将"身体上的尺子"这一主题活动调整到二年级下册,学生学完了四个常用的长度单位之后,让学生充分经历用身体尺测量的过程能帮助学生充分综合运用所学的长度单位知识。同时长度单位的跨度比较大,在测量活动过程中学生容易根据长度的长短选择不同的身体尺进行测量,通过比较发现测量不同的长度应该选用不同的身体尺,积累估测的经验,从而发展量感。

本课时的教学安排在此主题活动的第二课时,在学生已经运用测量长度的知识,了解了身体上的"长度"后。学生在本课时通过运用身体上的这些"长度"测量教室中常见物品的长度,记录测量结果,分享测量经验,发展量感。

三 教学目标

1. 经历测量的活动,运用身体尺测量身边物体的长度,记录测量结果,积累测量经验。

2. 在活动中充分经历思考、交流、总结、分享,总结测量方法,积累测量经验,发展量感。

3. 积累用身体尺估测物品长度的策略。

四 教学重难点

重点:运用身体尺测量身边物体的长度,记录测量结果。

难点：积累测量经验，发展量感。

五 教法学法

合作探究法、演示法。

六 教学工具

米尺、学案单、一米长绳子。

七 教学流程

1. 复习游戏导入

师：同学们，还记得上节课我们学过的身体尺有哪些吗？老师说名称，请大家用动作把它表示出来，好吗？（生：有一指、一拃、一庹、一脚和一步。）

师：上节课我们学习了这几种身体尺，并测量了这些身体尺的长度，下面我们来玩一个游戏，你能帮身体尺找一找它的好朋友是哪个长度吗？

（学生用游戏找到每个身体尺的好朋友。）

师：上节课我们测量了这5个身体尺，并且还大约地记录了它的长度。那么身体尺，它真的能做尺子吗？

生：我觉得可以，因为如果你量出了自己的一拃有多长，就能用一拃来量了。

师：大部分同学都同意这位同学的说法吗？那这节课我们就来研究研究身体尺到底能不能做尺子。尺子是用来测量长度的，要研究身体尺能不能做尺子，我们应该怎么办呢？

生：我们用身体尺来量物体。

师：你的意思是，我们要用身体尺来量一量，看看能不能量出结果。这位同学帮我们确定了这节课的任务，就是用身体尺测量。

◆ 设计意图：通过设计"找一找"游戏，回顾上一节课的学习内容，引导学生在玩中学,吸引学生的注意力,激发学生的学习兴趣。设置核心问题"身体尺能做尺子吗",层层提问,引导学生对问题进行更深层次地思考。通过师生互动交流,确定本节课的研究任务,发挥学生的主观能动性。

2. 用身体尺测量

活动一:找一找,绳子里有几个身体尺?

师:我们先用身体尺来量一量绳子,看看绳子的长度大约是我的几拃?绳子的长度大约是我的几步?应该怎么测呢?

生:用身体尺测。

师:测量的时候要注意什么?

生:对准其中的一头。

生:如果用一步来测量,要走自然步,不能迈大步,这样量不准。

师:那我的绳子摆得弯弯曲曲的,行不行?

生:不行,要摆直。

师:不论是放到桌上还是地板上,绳子都要拉直,要从它的起点测量到终点。那我们现在是用哪两个身体尺测呀?

生:一拃和一步。

师:大家明白任务了吗?请小组长分发绳子,请大家开始测量,并在学案单上做好记录。计时2分钟。

师:接下来,我们就一起来聊聊大家刚刚测量的结果,绳子大约有你的几拃呢?

生:我量的大概有7拃。

师:大家有没有不同的意见?

生:绳子大概有我的9拃半。

师:怎么两位同学的结果不一样?

生:因为每个人的身体情况都不同,所以测量出来的结果也就不同。

师:我给的所有的绳子都是1米的长度。我们有请这两位同学上台量一量绳子的长度。

师:第一位同学量的是6拃,第二位同学量的是7拃半,将近8拃,说明她的身体尺跟刚刚的同学比起来?

生:小一些。

师:所以我们每个人的身体尺不同,会导致测量的结果不同。

师:现在请同学上来量一量,走了几步?

师:有什么问题吗?

生:他没有跨步,他是用脚测量。

师:同意吗?我们要测量的是一步,他刚刚测量的是一脚,能快速改过来吗?他测的是?

生:两步,还不到三步。

师:请另一位同学再来量一量。

生:一步半,还不到两步。

师:为什么呢?

生:因为他的体型比较大,所以他跨的步会比较大。

师:这又验证了我们刚刚的结论——因为每个人的身体尺不同,所以测量的结果不同。

活动二:用身体尺测量

师:看来测量绳子对同学们来说太简单了,接下来难度加大,这回测量实际生活中真正的物品。老师给大家选择了一些测量的物品,请第一、第三大组负责测量课桌,第二大组测量黑板,第四大组测量地面。老师请来了两位小朋友来教一教大家要怎么测量。(视频示范测量要求)

师:测量时要重点关注三个问题,我测量的是哪里;用了几个不同的身体尺,如用了几拃、几步、几庹;用长度单位表示你测量的物体大约有多长。

(学生分小组开展测量活动,测量完成可以回到座位填写记录单,计时3分钟。)

师:接下来请同学们在小组内说一说找到的长度单位和测量的过程,并选出代表上台分享,进行汇报。计时1分钟。

(测量课桌:前面摆好课桌的测量道具,请学生上来测量,并估测结果,实时投屏展示给全班同学。)

(测量黑板:在黑板标记好测量的线路,代表上台测量,并估测结果。)

生:我们小组测的是10拃,所以大约有1米。

师:我听到有同学说不同意,请你说一说。

生:黑板上有米尺,黑板显然比这个米尺长。

生:他的意思是说黑板不止一米。

师:为什么会发生这种情况?

生:因为他的一拃不是1分米,它比1分米多了一些,所以黑板实际要比1米长。

师:我们上节课测量的1拃是约1分米,有的同学可能是12厘米,有的同学可能是14厘米。总结出来的1分米是一个大概的数据,不是一个准确的数据,所以刚刚测量的数据会比实际的要短一些。

生:他量的时候不小心断了一下。

师:那有没有办法可以解决呢?当测量黑板的时候你会选择什么样的身体尺呢?

生:我会选择一庹,是一庹和一庹的一半,大概是150厘米。

师:我们再请一位同学试试,一庹量完后还剩下一部分怎么办?

生:用一拃测量。

师:所以最后我们测出来是一庹加2拃,大概是多少?

生:120厘米。

(测量地面:展示学生刚刚测量时的实录视频。)

师:这两位同学都是用什么方法量的?

生:一步。

师:你们觉得他选择的身体尺怎么样?

生:很合适。

师:因为我们的地面很长,用一步来量能快速地估测。

师:那这是用什么方法?

生：一庹。

师：可我不是让大家测量地面吗？为什么你们要用一庹来测呢？

生：一庹大约是1米，所以我们每个人把手伸直测量，就可以知道地面有多少米？

师：同意吗？请你来补充。

生：可是他们每个人的一庹都不一样！

生：测量的是大约！

生：有些同学测量的时候手臂没打直，会导致测量失误，也就是量不准。

师：刚刚那位同学说每个人一庹的长度不一样，所以会导致最终的结果有可能多出一点儿或少了一点儿。另一个小组已经帮我们解决了，我们用身体尺测量的是大约的长度，会不够准确。但是他们小组测量出来的8米对我们有没有帮助？

生：应该比8米多一点儿。

师：地面的长度大概是8米，不会多很多，也不会少很多，所以我们用身体尺估测出来的结果是可以帮助我们的。

活动三：比一比，用身体尺测量的结果准吗？

师：接下来就是验证的时刻了，我们刚刚用身体尺量出来的长度究竟准不准呢？我们要用真正的尺子测量验证。接下来，请大家用尺子，测量你刚刚测量的地方，看看它的长度是多少，再和你用身体尺测量的结果比较，看看有什么发现？

全班交流：刚刚用身体尺测量结果不一样的，说一说（不够准确），结果相同或相近的说一说（可以估测）。

◆ 设计意图：学生采用小组合作和动手操作的方式，亲身体会用身体尺测量，积累数学活动经验。通过设置问题链和三个数学活动，层层递进，引导学生在操作的过程中感受身体尺的优缺点，思考"身体尺能做尺子吗"核心问题。活动一"找一找绳子里有几个身体尺"中，引导学生发现"每个人的身体尺不同，测量的结果也不同"；活动二"用身体尺测量"验证了活动一的结论，同时又在实际的测量活动中引导学生思考如何选择合适的身体尺测量；活动三"比一比"中，通过用标准的尺子进行测量，引导学生发现身体尺测量的结果不够准确，但对估测有所帮助。

3. 小结

师：同学们，还记得我们这节课研究什么问题吗？

生：身体尺能做尺子吗？

师：那现在你能回答这个问题了吗？请你和你的小组同学讨论一下。请几个同学来分享一下自己的观点。

生：我们小组认为身体尺可以做尺子，因为如果我要一拃，就可以先用尺子量一下一拃有多长，就能用一拃去测量物品，得到物品的长度。

生：我们小组是这样想的，可以把一拃、一庹、一脚、一步的长度测量出来，如果想测量较长的物体，就可以用一庹来量，有几庹，就有几米。

师：那如果我想测量课桌的长度，而且要精确到毫米，你们能用身体尺来测量吗？

生：要用尺子量。

师：用尺子量，才能够精确到毫米。当我们需要非常准确的结果的时候，身体尺就不能帮我们得到准确的数据。

生：我们小组是这样想的，在平常的情况下，没有带尺子可以用身体尺。

师：当我需要非常准确的数据时，还是需要用标准的尺子去测量。今天这节课我们为了解决"身体尺能做尺子吗"这个问题，大家通过探索、发现、交流、汇报，研究出了这个问题的答案。这其实也是在我们数学的学习当中，非常常用的学习方法，相信在未来的数学学习当中，你们也能用这个方法继续探究。

◆ 设计意图：通过小组讨论和问答法，引导学生对核心问题进行思考和总结，并对本节课所学知识进行小结，进行有针对性的查漏补缺。

4. 拓展延伸

师：其实我们中国的古人在很早就会利用身体尺来测量物体的长度，比如"不积跬步无以至千里"当中的"跬""步"就是身体尺，还有"布指知寸、布手知尺、舒肘知寻"。在下一节课我们就进入"身体尺的古往今来"的学习。

◆ 设计意图：渗透数学文化，加深学生对身体尺的认识，丰富学生的文化底蕴，感受数学的魅力，为下一课时"身体尺的古往今来"做铺垫。

八 板书设计

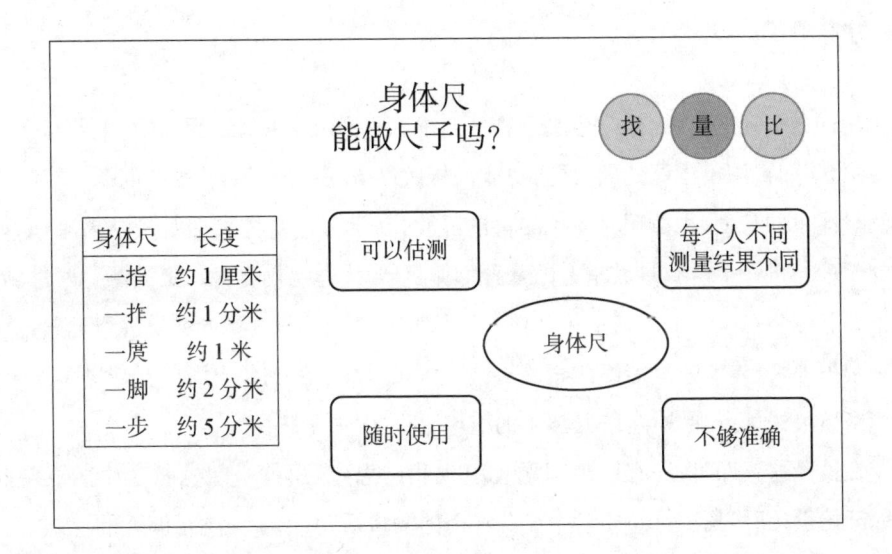

```
                身体尺                  找  量  比
              能做尺子吗?

  身体尺    长度
  一指    约1厘米        可以估测         每个人不同
  一拃    约1分米                         测量结果不同
  一庹    约1米
  一脚    约2分米               身体尺
  一步    约5分米
                          随时使用           不够准确
```

九 作业设计

任务一:同学们,在我们的身上,有很多属于我们的独一无二的"尺子",请你找到自己身上的"五把尺",并测量出长度(单位:厘米)。(8分钟)

评价点:巩固对身体尺的认识,掌握用标准尺测量身体尺的方法,培养学生的动手操作能力。

任务二:你能用自己身上的"五把尺"来测量身边的物体长度吗?请你找好测量的对象,选用合适的身体尺来测量,并记录结果。(10分钟)

评价点:会灵活地运用身体尺和标准尺测量生活中的物体,发展学生的估测意识,提高学生的估测能力。

任务三:古人有身体尺吗?他们是怎么使用身体尺的?请你通过询问父母、查阅书籍、网络等方式,了解身体尺的古往今来。(10分钟)

评价点：通过让学生自己探索身体尺的古往今来，激发学生学习数学的兴趣，进一步感受数学文化的美。

十　教学反思

用问题驱动的方式，让学生真正理解身体尺的作用，在测量活动中学会合理使用身体尺，从而提炼出本课的大问题：身体尺能做尺子吗？为了回答这个问题，首先让学生测量绳子的长度，积累用身体尺测量的经验，并学习用身体尺的测量结果来估算物体的长度。再让学生测量教室中的几种物体，让学生总结用身体尺怎么测量？总结测量策略和测量经验。最后通过用身体尺测量的结果和尺子测量的结果进行比较，让学生审视思考，身体尺究竟能不能做尺子？身体尺做尺子的利弊有哪些？帮助学生全面认识身体尺的优点和缺点，培养学生的应用意识，发展量感。

在设计这一课时，还有一个问题也引发我的思考，那就是课堂教学中的放与收。在一开始设计时，我注重想要学生充分经历的测量活动，给予学生足够大的空间，让学生自由选择教室内的物品，再回到小组中交流每个人自己测量的物体和结果。但在实际教学时，我发现效果并不理想。当我让学生自由选择教室内的物品用身体尺测量时，全班四十多名学生的选择各不相同，分散在教室的各个地方，使得我难以调控现场，在这个过程中我无法仔细观察学生的测量过程，从而使得在后续的全班交流环节无法有针对性地聚焦学生在测量过程中的问题。也是由于大家每个人选择的测量素材不同，在全班交流时，学生可能并没有经历分享学生的测量活动，因此在交流时，没有共同的话题和语言，对测量过程中出现的问题等交流不够深入不够充分。这一次不成功的尝试让我反思在课堂教学中，老师放手给予学生探究的空间是必要的，但这样的放并不是漫无目的的放，而应该是适度的。再次设计时，我为学生划定了一些测量的范围，我选取了教室里有代表性的物品，全班以小组为单位分工测量课桌、黑板、地面的长度，同一个小组测量同一个物体，学生可以通过小组合作的方式探究测量方法、选取测量身体尺、记录测量数据、得出测量结论、总结测量经验，合作的方式使得每个小组对测量活动的认识更加深刻。在此基础上，进行全班交流，因为每个测量任务有几个不同的小组共同负责，在交流时，同一个任务的小组有更深入地思考，展开的对话、质疑、问难就更加深入。其他小组有其他物体的测量经验，有时也能迁移到正在对话的任务中，使得学生有新的启发。这样的活动设计既给了学生探索的空间，又因为设定的任务简洁鲜明有一定的目的性和针对性，使得学生在活动中既有自己探索时的经验积累，又有深度对话时的深入交流，收获更大。

（课例提供者：郭惠怡　汪杰玲　庄家淇）

项目学习 Ⅰ 身体上的尺子

适用年级：小学二年级

项目式学习更加强调问题解决的全过程，其内容体现了数学知识及其使用之间的综合，呈现出这些数学知识的使用方法和功能，实现了知识的输出，即"用数学"。教师通过设计情境和问题，让学生参与问题解决的过程，掌握数学知识的使用方法，感受数学知识、思想、方法在解决实际问题中的价值和作用，帮助学生感受数学思维在解决实际问题中的重要意义。

该项目参考《义务教育数学学科课程标准（2022年版）》中第一学段综合与实践领域的主题活动"身体上的尺子"设计。二年级下册，学生在学习完毫米、厘米、分米、米等常用的长度单位后，通过"身体上的尺子"项目活动，综合运用相关知识，在充分经历测量活动中，联系身体尺和所学长度单位，积累测量经验，发展估测意识和估测能力，发展量感和应用意识。在此基础上，学生将数学联系历史发展，领悟中国古人的智慧及优秀的中国传统文化。再在实践活动中，学生综合运用数学、美术、科学等相关知识，通过完成制作身体尺地图的活动任务，发展核心素养。

一 项目目标

（一）数感

当学生使用数字来描述所选物品的长度时，他们实际上是在培养对数字的基础感悟。与标准单位进行比较不仅可以让学生对具体数值有更深入地认识，也可以加强他们对数字背后代表的实际含义的理解。例如，当他们用手掌测量某物品为5手掌长，但用标准单位测量为50厘米时，学生会意识到"数"的变化背后代表的实际长度意义。

（二）量感

量的感性认识是学生在实际操作中建立的。在这个项目中，学生不仅需要使用非标准单位来测量物品,还要用标准单位如厘米和米进行测量。这种实际的操作和对比有助于加强学生对长度的感性认识。

(三) 模型意识

在这个项目中,使用非标准单位测量是模型建构的实际应用。所谓的非标准单位,如手掌、笔、脚等,实际上都是学生对长度的一种模型表达。这种模型意识的建立可以帮助学生更好地理解和应用标准测量单位。同时,这种模型建构也为学生提供了一个桥梁,连接了他们的日常经验和学科知识。

(四) 应用意识

应用意识的培养是这个项目的核心部分。学生在选择物品、预测长度、使用不同单位进行测量,并对结果进行分析的过程中,都需要运用他们之前所学的测量技巧。更重要的是,这个项目让学生在实际情境中应用这些技巧,培养他们的实际应用意识。例如,学生可能会在日常生活中碰到需要测量物品长度的情况,这时他们可以运用这次作业中学到的方法,更准确地估测物品的长度,并使用合适的工具进行测量。

二 学情分析

用"身体上的尺子"测量生活中的物体或空间其实是生活中估测物体长度的一个重要方式,学生要经历充分的测量活动,积累测量的经验,并将测量的结果用长度单位表示出来才能较为准确地估测出物体的长度。学生在二年级上学期学习了长度单位厘米和米,在二年级下学期学习了毫米和分米,分米在生活中是常用的长度单位,而毫米也能在身体上找到对应大约为1毫米的身体长度,因此,将"身体上的尺子"这一主题活动调整到二年级下学期,能让学生在学完了四个常用的长度单位之后,充分经历用身体尺测量的过程,帮助学生充分综合运用所学的长度单位知识。

三 项目内容设计

(一) 入项过程

本项目是数学问题式学习实践活动"身体上的尺子",教师引导学生自主提出"我的一拃、一步、一庹、一脚大约各是多少厘米?""如果没有测量工具,可以怎样测量学校篮球场、操场、课桌的长度呢?"等有趣的实践性问题,旨在帮助学生了解自己的不同的身体尺大约各是多长,建立标准长度单位与身体尺之间的联系。

(二)知识建构

长度单位的跨度比较大,在测量活动过程中,学生容易根据长度的长短选择不同的身体尺进行测量,通过比较发现,测量不同的长度应该选用不同的身体尺,以此帮助学生积累估测的经验,从而发展量感。在这样思考的基础上,我们将身体上的"尺子"这一主题活动设计为4课时。

表2-2 "身体上的尺子"主题活动设计

课时	主题	学习目标	设计意图
第1课时	认识身体尺	认识常用的身体尺,并测量自己身体尺的长度,通过数据分析整理,总结出每种身体尺的大约长度	丰富对身体尺的认识,积累测量经验,初步进行数据处理
第2课时	用身体尺估测	建立身体尺与常见长度单位之间的联系,利用身体尺估测常见物品的长度,经历测量的过程,积累测量经验,发展量感,从估测的角度对身体尺有一定的认识	积累测量经验,发展量感
第3课时	身体尺的古往今来	了解身体尺被人类使用的历史及演变,体会度量单位统一的必要性,会用自己的语言说数学故事,发展语言表达能力	了解数学文化,感受数学在人类发展进程中的作用
第4课时	制作身体尺地图	运用身体尺测量知识,用身体尺的角度绘制身边环境的身体尺地图,渗透用数学的语言描述现实世界的思想	数学联系生活,发展应用意识

第一课时,学生测量自己的身体尺长度,记录测量结果,通过数据分析,总结出每个身体尺的大约长度,为后续用身体尺测量物体作铺垫。第二课时,学生充分经历用身体尺测量的过程,积累测量经验,将身体尺与常见的长度单位形成联系,发展估测能力和量感。第三课时,学生通过了解身体尺的使用历史及演变,体会度量单位统一的

必要性。第四课时,学生综合运用所学,用身体尺测量自己感兴趣的地方,绘制身体尺地图,渗透用数学的语言描述现实世界的思想。整个项目,用问题驱动的方式,让学生真正理解身体尺的作用,在测量活动中学会合理使用身体尺。

在实践之后,学生需要再次进入反思阶段,去伪存真,形成新的认识和思考。在这个过程中,完善自己的成果研究。对测量过程中的错误进行修正,补充新的想法。教师提出"怎样选择合适的身体尺?""什么时候都能用身体尺吗?"等综合性问题,引导学生走向更深邃的思考,也对本次项目的过程和结果进行总结。

(三)成果展示

1. 绘制小报乐分享

数学的趣味性无处不在,将自己估算和测量的过程精心记录下来,制作成身体尺的手抄报,既将数学知识搬进生活实际,又在实际生活中融入数学小知识,让数学变得更加生动有趣!

2. 绘制身体尺地图

通过身体尺测量校园一角,利用记录的数据,绘制出平面图。

本次项目实践旨在帮助学生学会用身体尺测量的方法,体会用身体尺解决问题的一般过程,巩固了长度概念,加深对身体尺的特点和作用的认识,使学生懂得在测量不同长度的物体时,要选择适合的身体尺。孩子们在实践中思考测量的意义,在思考中选择测量的方法,在操作中体悟测量的魅力,在生活的真实情境中应用数学知识来解决问题,真正感受到了生活处处皆学问。

(创意设计者:郭惠怡)

评价创意 Ⅰ 玩转方向

适用年级：小学二年级

一 评价作业设计目标

学生能辨认东南西北四个方向，知道东南、东北、西南、西北四个方向，能运用这八个方位描述物体所在的位置，可以用时、分、秒描述一些生活现象，形成数感、时间观念和初步的空间观念。结合现实生活，学生能运用所学的数学知识和方法描述、表达、分析、解释实际问题，运用画图等多种策略或方法解决问题，形成数感和初步的空间观念，以及分析问题与解决问题的能力。并在解决问题的过程中，学生可以积累从头到尾思考问题的经验，初步发展交流能力和反思意识。

二 评价作业设计依据

评价作业根据《义务教育数学课程标准（2022年版）》的要求，适当采用主题式学习和项目式学习的方式，设计情境真实、较为复杂的问题，引导学生综合运用数学学科和跨学科的知识与方法解决问题。选择能引发学生思考的教学方式。丰富教学方式，改变单一讲授式教学，注重启发式、探究式、参与式、互动式等学习方式。探索大单元教学，改变过于注重以课时为单位的教学设计，推进单元整体教学设计；积极开展跨学科的主题式学习和项目式学习等综合性教学活动。

三 评价作业实施方式

以纸质作业的形式发给学生，包括作业纸、任务单和附页（景点图片）。学生独立完成，自备剪刀、彩笔和双面胶进行操作。在"全能绘图师"中，学生利用剪刀、双面胶，根据线索将景点图片粘贴到方向板的相应位置,再说一说喜欢的景点的不同方向上有什么,并录制视频;在"优秀小向导"中,学生根据要求用不同颜色的彩笔在方向板中设计路线,并按要求录制视频,介绍自己设计的路线并说出理由;在"小小设计师"中,学生根据自己设计的一条路线,在任务单上制作一张春游时间安排表,可以利用景点图片、彩笔进行装饰。

四 评价方式

该单元作业的评价既关注结果性评价,又重视过程性评价;既关注学生的"四基""四能",更重视培养学生的核心素养。作业从动手操作能力、表达能力、逻辑思维能力、创新意识等多维度,以及学生自评、同学互评、教师评价的多主体出发,采用描述性评价和等级评价相结合的方式,对学生的作品进行全面评价,促进学生核心素养的形成和发展。学生还能及时发现优点、反思不足,从同学和教师眼中看到的优点与不足中吸取经验、不断进步。

五 评价特色说明

创设了贴近学生生活的"春游"情境,学生在"全能绘图师""优秀小向导""小小设计师"三个活动中,通过剪一剪、拼一拼、画一画、写一写、说一说等方式进行实践作业。

以核心素养为导向,实践性强、思维发散空间大,能很好地促进学生动脑思考、动手实践、大胆表达,还能打通数与代数、图形与几何等不同领域之间的横向联系。

六 作业内容

"方向与位置""时、分、秒"作业设计

天朗气清,微风拂面,正是踏青好时节,你们一定想出去走一走、看一看吧!学校打算安排全校师生进行"东部华侨城一日游",请你为春游做好准备吧!

全能绘图师 (8分钟)

我会剪：请将景点图片沿虚线剪下。

全能绘图师

④云海索道　⑤火山鸟谷　⑥咆哮山洪　⑦激流勇进

⑨冒险海滩

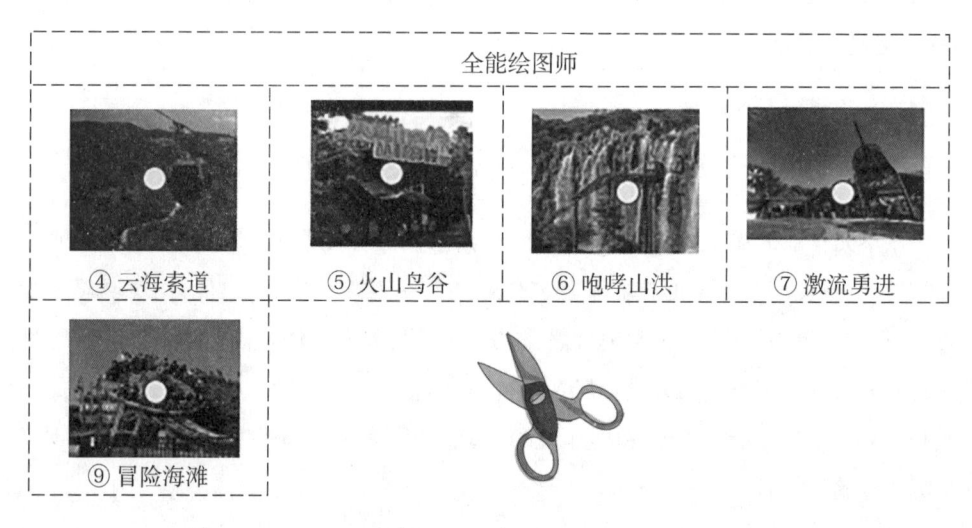

图 2-1　景点图片

我会贴：请根据以下 5 条线索，将景点图片粘贴到任务单（景点方向板）的相应位置。

（1）⑨冒险海滩在⑧童趣乐园的南面。

（2）⑥咆哮山洪在②木质过山车的东面。

（3）④云海索道在⑧童趣乐园的西南方向。

（4）③海上风暴的西面是⑤火山鸟谷。

（5）⑦激流勇进在③海上风暴的东面，在①海菲德小镇的西北方向。

我会说：请你在景点方向板上选择一个你最喜欢的景点，说一说在它的不同方向上都有哪些其他景点。

任务要求：

1. 请你拿着方向板边指边说；

2. 用拍摄视频的方式提交作品。

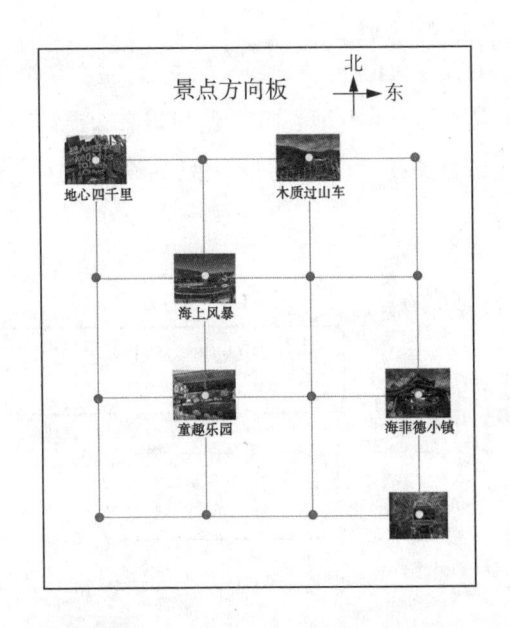

图 2-2 任务单——景点方向板

◆ 设计意图：

1. 创设设计春游路线的主题情境和学习任务，丰富学生数学学习的形式，加强学生的动手实践能力，增加数学作业的趣味性和多样性；

2. 根据方向线索进行位置判断，将方向与位置的知识运用到数学活动中，通过生活化的情境，感受学习方向的必要性。

优秀小向导 (9 分钟)

我会找：本次春游，学校给所有学生安排了观光缆车游玩项目，观光缆车的出发点是⑩丛林缆车，终点是⑪地心四千里，请你设计两条游览路线，用不同颜色的箭头在任务单(景点方向板)上表示出来。

我会说:请你拿着任务单(景点方向板),用前后、左右来描述游览路线,边指边和你的家人介绍:从⑩丛林缆车到⑪地心四千里,可以怎么走?

我会选:介绍完游览路线后,请你再说一说:你设计的这两条游览路线中,你更喜欢哪一条?为什么?

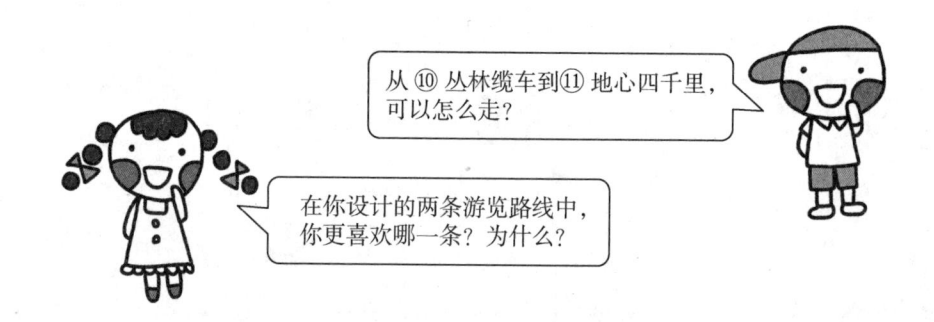

从⑩丛林缆车到⑪地心四千里,可以怎么走?

在你设计的两条游览路线中,你更喜欢哪一条?为什么?

◆ 设计意图:联系左右、前后的相关知识,为四年级学习用方位描述路线做好铺垫。

小小设计师 (13分钟)

东部华侨城开园时间是上午10:00,闭园时间是下午5:30。

我会做:请从你设计的两条春游路线中选择一条路线,安排这个路线中各个景点的游玩时间,做一张春游时间安排表。

作品要求:

1. 作品在任务单(春游时间安排表)上完成;
2. 作品需包含:学校、班级、姓名;
3. 作品需兼具数学性、科学性与艺术性。

任务单

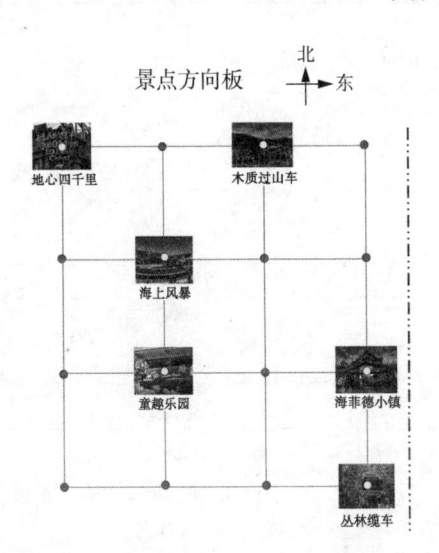

景点方向板　　　北↑→东　　　　　春游时间安排表

图 2-3　任务单——春游时间安排表

七 作业评价

表 2-3　作业评价标准

评价结果	评 价 标 准
优	能根据线索正确拼出地图；描述不同方向的景点准确清晰；能合理地说出喜欢路线的理由；能做出完整且合理的时间安排表；动手能力强、作品完成度和质量高
良	能根据线索正确拼出地图；描述不同方向的景点比较准确；能合理地说出喜欢路线的理由；能做出比较完整的时间安排表；动手能力较强、作品完成度和质量较高
达标	能根据线索正确拼出地图；描述不同方向的景点不够准确；能比较合理地说出喜欢路线的理由；时间安排表不完整；能动手完成作品
请加油	不能根据线索正确拼出地图；描述不同方向的景点不准确；说出的喜欢路线理由不合理；时间安排表不完整；不能动手完成作品

（续表）

学生自评
（请自己、同学、教师对照评价标准进行评价，在□中打√）
学生自评：优□　良□　达标□　请加油□
我眼中作业的优点和不足：_____
_____

同学评：优□　良□　达标□　请加油□
同学眼中作业的优点与不足：_____
_____

教师评：优□　良□　达标□　请加油□
教师眼中作业的优点与不足：_____
_____

（创意设计者：汪杰玲　邓可扬　庄家淇）

第三章
从情境逻辑到活动逻辑

情境逻辑的教学设计通过将知识放置在实际背景中,帮助学生将抽象的概念与他们自己的经验和现实生活联系起来,使学生更深刻地理解概念。活动逻辑的教学设计强调的是如何有条理地组织教学活动,学生通过实际操作、讨论和合作等,更容易理解和应用所学的知识,最终达到预期的学习目标,发展核心素养。从情境逻辑到活动逻辑,根据学科内容、学生水平和教学目标的不同,在情境中设计有深度、有逻辑、能应用的教学活动,有助于创造更富有深度和互动性的学习体验,从而形成一个综合而有机的学习环境。

情境是指教学发生的具体环境和条件,包括学生的背景、学科特点、学习需求等,在不同的情境中,学生会采取不同的方式进行学习,产生不同的学习效果。情境逻辑下的教学设计通过将知识放置在实际背景中,帮助学生将抽象的概念与他们自己的经验和现实生活联系起来,使学生更深刻地理解概念。这样的学习更易于学生掌握和记忆,并更容易将其应用到新的情境中。

在情境逻辑指导下的教学设计,通常在引入新概念或知识时,将知识嵌入到实际情境中,通过情境可以帮助学生建立起对抽象概念的初步理解。在课程开始阶段,情境有助于引起学生的兴趣,激发他们对知识的好奇心,更好地吸引学生的注意力,也能帮助学生更好地理解该知识的重要性。但只注重情境的设计往往容易忽视后续学习活动的深入性、逻辑性及应用性,常常出现学习仅仅停留在情境表面的情况。情境的创设或引入是情境教学中关键的一环,但并不是终结,还需要教师不失时机地进行启发和点化,真正达到使学生触境生情,调动起学生积极性,促进学生发展的目的。[①] 因此,在实践性学习中,我们应转变观念,开展从情境逻辑到活动逻辑的教学实践。

活动是指一系列有序的教学活动组织,包括教学方法、教学过程、学生参与等,每个活动之间是独立的功能单元但又是相互连接和交流的。活动逻辑的教学设计强调的是如何有条理地组织教学活动,包括课堂讨论、小组活动、实验、项目等。在活动逻辑的学习中,学生通过实际操作、讨论和合作等,更容易理解和应用所学的知识,最终达到预期的学习目标,发展核心素养。遵循活动逻辑设计的教学活动是具有条理性、逐级性、进阶性、能促进学生心理活动的展开和深入进行的。但是只强调活动的条理性,不利于调动学生学习的积极性,学习效果不尽如人意。

也就是说,在教学中单纯强调情境或活动都存在不足,我们所倡导的活动逻辑,是一系列的有序的活动,更是带有"情境性"的层层深入的教学活动。每个活动可以独立,又能串联起来不断深入,其中,把各个活动串联起来的主线链条即情境。从情境逻辑到活动逻辑,舍弃的是只讲情境不讲目标,披着不同情境的外衣简单进行多个重复性的活动;舍弃的是只讲情境不讲任务,只是借情境引起学生兴趣后就将情境抛开,后续脱离情境的学习活动;舍弃的是只讲情境不讲应用,情境脱离真实生活需要,天马行

---

① 米俊魁.情境教学法理论探讨[J].教育研究与实验,1990(3):24—28.

空。强调活动逻辑，强调"活动"，是强调学生在做中学的实践性学习，强调"逻辑"，是强调有条理地循序渐进地组织教学活动；强调"情境"的有机融合，让情境成为串联这一系列活动的有机脉络。

从情境逻辑到活动逻辑的转变，要求我们根据学科内容、学生水平和教学目标的不同，在情境中设计有深度、有逻辑、能应用的教学活动，有助于创造更富有深度和互动性的学习体验，从而形成一个综合而有机的学习环境。

如何做到从情境逻辑到活动逻辑呢？首先，在设计教学活动时，应考虑如何将所教授的概念嵌入到实际情境。创设的情境就是要使学生感到轻松愉快、心平气和、耳目一新，促进学生心理活动的展开和深入进行。这可以是现实生活中的问题、场景或案例，确保情境是与学生生活和经验相关的，以提高学习的意义感。其次，以情境为纽带，设计连贯的、引人入胜的启发性问题，激发学生的好奇心。这些问题可以涉及实际挑战、社会问题或与学科相关的问题。问题的目的是引导学生在实际情境中思考和探索。接着，设计互动性的学习活动，例如小组讨论、实验、案例分析等。通过这些活动，学生能够在合作和互动中更深入地理解情境，并将知识应用到解决问题的过程中。然后，关注问题解决和应用。在设计活动时，应强调连贯性、系列性、实践性，培养学生在实际情境中运用所学知识解决问题的能力。在这样的学习过程中，要开展定期反馈和讨论，最大限度地确保学生正确理解实际情境，并澄清可能存在的困惑。最后，要将情境逻辑和活动逻辑融入整个教学过程，建立起连贯性，帮助学生在整个学习过程中保持对情境的理解。

通过这些方法，教师可以更好地结合情境逻辑和活动逻辑，为学生提供更有深度和互动性的学习体验，培养学生解决实际问题的能力，提高他们对学科内容的理解和应用水平。

（撰稿者：邓瑞琳）

课程展台 Ⅰ 纵享秋月明

适用年级：小学二年级

一 课程目标

以中秋节为主题，设计"纵享秋月明"主题式居家自主学习任务单。

二 课程大纲

设计五天的自主学习任务清单，如表3-1。

表3-1 自主学习任务清单

第一天任务：乐识字，戏月亮。
目标：培养学生在生活中自主识字的能力。
活动：找找生活中与"月"有关的字，可以借用思维导图、字词小卡等方式将这些字进行总结归类。想挑战更高难度的同学，可以试一试尽可能多地用上这些字来说一句话，看谁用得多。

第二天任务：读绘本，说月亮。
目标：提高学生的阅读理解能力，尝试复述故事。
活动：读一读绘本故事《月亮的故事》，先自己读，读不懂的地方结合插图来理解。读完后把你读到的故事讲给家人听；还可以想一想，如果你也来摘月亮，你会用什么办法呢？

第三天任务：情谊浓，话中秋。
目标：提升学生的语言表达和口语交际能力。
活动：给你最想念的同学打一个电话，进行中秋问候吧，可以聊聊自己的生活，也可以说说自己对新学期的期待。

第四天任务：话诗意，诵月亮。
目标：结合课内外进行古诗积累。
活动：古往今来，描写中秋的诗词不胜枚举，文人墨客笔下的中秋节也各有滋味，快和大家分享你所积累的关于中秋的诗句吧。

（续表）

第五天任务:小小手,画中秋。
目标:运用前期积累,表达自己对中秋的感受。
活动:中秋佳节月儿圆,说到中秋,相信同学们一定能想到很多东西,月亮、月饼……快来设计一张独一无二的中秋贺卡吧,并把贺卡送给你想祝福的人。

三 课程评估

创作作品:评估学生提交的作品(图片、视频),包括语言表达、创意性和表演能力。

四 延伸活动

课外阅读:鼓励学生阅读一些与中秋节相关的童话故事、小说或诗歌。
家庭作业:让学生在家中记录一些中秋节发生的有趣的事,例如家庭活动、感受等,并在下一堂课分享。

(课程设计者:邓瑞琳　杨梦思　宋苑灵　黄奕敏　陈敬宇　李国琳)

课例研究 Ⅰ My friends

适用年级：小学三年级

一 案例背景

在小学英语教学实践中，我们常常发现以下问题：一、二年级英语听说能力不错的学生，上了三、四年级英语单词不会写；三、四年级英语词汇不错的学生，上了五、六年级课外阅读几乎完全读不懂，英语小作文一个字也写不出来。造成这一问题的原因，主要是在课堂教学中英语学科核心素养的培养没有得到很好地落实，主要表现在以下两个方面。

教师层面：第一，教学观念陈旧，只注重语言知识的传授，忽略语言技能的培养；第二，教学方法落后，听说教学与读写教学分立，不能把两者很好地统一起来；第三，缺乏教学整体观，只注重本课时的教学目标，忽略课时、单元、学段之间的衔接。

学生层面：第一，没有掌握科学的学习方法，词汇量有限，受到词汇量限制，学生英语读写水平与年龄段产生了严重的不协调性；第二，语言学习与应用实践相脱节，学科核心素养没有得到充分发展，大部分学生不会对课堂上学到的语言知识和技能进行迁移创新，遇到一个新话题往往无从下手。

《义务教育英语课程标准(2022年版)》(以下简称新课标)中明确指出，英语学科要培养的学生核心素养包括语言能力、文化意识、思维品质和学习能力四个方面。新课标同时强调践行学思结合、用创为本的英语学习活动观，指出："秉持在体验中学习、在实践中运用、在迁移中创新的学习理念，倡导学生围绕真实情境和真实问题，激活已知，参与到指向主题意义探究的学习理解、应用实践和迁移创新等一系列相互关联、循环递进的语言学习和运用活动中。"

针对以上问题，在新课标理念的指导下，我们进行了小学英语读写一体教学策略研究，遵循学生的认知规律，提炼出低、中、高年段读写一体教学策略：低年段侧重于

"以画代写",中年段侧重于"以说带写",高年段侧重于"以读促写",以求通过改变教学方式,提升学生的核心素养。

二 案例主题

本案例是一节小学中年段英语"读写一体"名师示范课,主题是"学创结合,提升学生核心素养",教学内容为上海牛津英语(深圳用)三年级上册 Unit4 My friends(第三课时)。这是一节综合语言应用课,教师创设介绍朋友的真实情境,引导学生充分运用第一、二课时所学的重点单词和句型进行口头交际,在口头交际的基础上完成笔头输出。整个过程行云流水,水到渠成,学生以说带写,从学到创,在真实的情境中自如地运用所学语言。

三 案例细节

1. 说唱歌曲,营造氛围带入主题

在热身环节,教师播放与本节课主题相关的歌曲《Friend song》,引导学生跟着视频边唱歌边做出相应的动作。在唱一唱、动一动中,把学生带入本课主题,和谐的教学氛围也自然形成。

T: Good morning, boys and girls. I'm very happy to see so many teachers in our class. Are you happy?

S: Yes.

T: OK, let's sing a song together. Please do the actions while you sing the song. Ready?

S: Go!

评析:通过说唱歌曲,把学生带入本课主题,营造和谐的教学氛围。

2. 快速反应,复习巩固重点词汇

说唱歌曲后,教师引导学生说一说歌曲是关于什么主题的。当学生回答正确后,教师指出每个人都有朋友,每个朋友的特征都是不一样的,有些高,有些矮,有些胖,有些瘦,引出第一课时的重点单词,以快速反应的游戏方式进行复习。

T: What is the song about?

S: It is about friends.

T: Yes. I think you all have lots of friends. Some are tall, some are short, some are fat, some are thin. But they are all your friends. Now, look at the picture. Let's judge. Is it tall or short? Is it fat or thin?

S: OK!

评析:通过快速反应游戏,说出图片中人物的高矮胖瘦,巩固第一课时重点词汇,为新知学习做好铺垫。

3. 创设情境,初步呈现语篇框架

教师展示朋友的照片墙,出示第一课时中出现过的朋友的照片,问学生是否记得这些朋友的特征,引导学生以语篇的方式说出朋友的特征。

T: Look at the photos. Who are they? Do you remember?

S: They are your friends.

T: Look, who is he/she? What does he/she look like? Can you help me to finish the introductions?

This is _____ .

He/She is my _____ .

He/She is _____ .

He/She can _____ .

S: Let me try!

评析:有意识地引导学生用语篇的形式说出第一课时已认识的朋友的特征,在复习第一课时重点句型的同时,初步呈现语篇框架,为后续的语篇的学习做准备,起到以旧带新的作用。

4. 小组活动,举一反三融会贯通

当学生以语篇的形式说出第一课时已出现的人物的特征后,教师呈现一组"新朋友"的照片,引导学生仿照描述"老朋友"的范例,以小组为单位,每人选择一个"新朋友"进行描述。

T: You know my old friends very well. Look, here are some of my new friends. What do they look like? Can you talk about my new friends in your groups?

S: OK!

评析:引导学生按照介绍"老朋友"的模式,在小组中讨论教师的新朋友,起到举一反三、融会贯通的作用;同时,以小组活动的方式组织教学,培养学生的自主合作学习能力。

5. 情境迁移,贴合学生生活实际

讨论完教师的朋友后,教师出示班里学生的照片墙,运用第二课时重点句型,让学生猜一猜班里的好朋友是谁?把情境从教师的朋友迁移到学生自己的朋友,更加贴合学生的生活实际。

T: Look at these photos. Who are they? Are they your friends?

S: Yes.

T: Look at this photo. Who is he/she? Can you guess?

S: Is he/she(tall/short/fat/thin)?

T: Yes, he/ she is.

    No. He/she isn't. He/she is ...

S: What can he/she do?

T: He/She can ...

S: Is he/she ... (name)?

T: Yes, he/she is.

    No, he/she isn't. He/She is ...

当学生猜对后,把刚才的对话信息提取出来,整理成一段小语篇。

This is my _____.

He/She is a _____.

He/She is _____.

He/She can _____.

He/She is _____.

评析:从讨论教师的朋友过渡到讨论学生的朋友,贴近学生的生活实际;根据对话内容提炼信息，形成小语篇，起到以说带写的作用。此环节由教师与学生共同示范，为学生的自主输出搭建支架。

6. 从扶到放，内化理解初步应用

引导学生运用所学语言，与同桌互猜自己在班里的好朋友是谁。此活动从教师与学生的互猜过渡到学生与学生的互猜，实现从扶到放，引导学生内化理解所学语言并初步应用。

T: Do you want to know your partner's good friends?

S: Yes.

T: Please guess with your partner.

S: OK.

评析：通过猜一猜活动，给学生提供了充分的思维空间，实现思维品质的提升；从师生活动到生生互动，引导学生内化所学，为最后的语篇输出做好铺垫。

7. 从学到创，迁移创新解决问题

在同桌对话的基础上，引导学生根据对话内容提取信息，画出自己的朋友，完成关于朋友的语篇。

T: Now, please finish the short passage according to the dialogue:

画出自己的朋友。	My friend
	This is my _____.
	_____ is a _____.
	_____ is _____.
	_____

评析：引导学生提取对话信息完成语篇，把在课堂上学到的语言知识与技能迁移到实际情境中，创新地解决生活中的实际问题，达到以说带写、从学到创的目的。

8. 情感教育，涵养品格提升素养

在教学的最后，用一句名言"A friend in need is a friend indeed"，对学生进行情感教育：朋友之间要互相帮助。

评析：以简短的英文谚语实现更深度的文化意识培养，让学生珍惜朋友情谊。

四 案例结果

三年级的学生刚开始学写字母和单词,在一般情况下,写出小短文这样的任务是无法完成的。但我们不难发现,在核心素养理念的指导下,采用"读写一体"的教学模式,教师把听说教学与读写教学有机地融合起来,给学生搭好支架,引导学生以说带写,从学到创,把不可能的事情变为可能。在教师一步一步地引导下,学生不仅能够在课堂上运用所学语言,还能把所学语言迁移到实际情境中;不仅能够自如地进行口头表达,还能在支架的帮助下完成笔头的语篇输出。其中最重要的是在层层递进的活动设计中,学生学会了对所学语言的内化应用和迁移创新。

五 案例评析

学生核心素养的培养是否得到落实,是评判一节课成功与否的关键。我们不难发现,在本案例中,教师以课堂为阵地,以活动为载体,把学科核心素养的培育融合进每个教学环节中,学生的语言能力、文化意识、思维品质和学习能力都得到了一定程度的提升。

1. 以说带写,发展语言能力

语言能力是指运用语言和非语言知识以及各种策略,参与特定情境下相关主题的语言活动时表现出来的语言理解和表达能力。本课最突出的亮点,是教师通过以说带写的方式,把听说教学与读写教学巧妙地结合起来,发展学生语言能力。引导学生把第一、二课时所学的重点单词和句子应用到实际情境中进行交际,并在口头表达的基础上,通过提取信息形成语篇。同时,教师有意识地进行学法指导,为学生搭建起写话支架,让学生在以说带写,从学到创的过程中,学会迁移创新所学的语言知识和技能。

2. 合作互助,培养学习能力

学习能力的发展有助于学生掌握科学的学习方法,养成良好的终身学习习惯。以老师教学、同桌对话、小组活动等合作互助的方式组织教学,是本课的另一个突出亮点,通过这种合作互助的学习方式,加强生生互动,激发学生参与课堂的积极性,调动学生学习的能动性和主动性,培养学生的自主合作学习能力。

3. 问题导向,提升思维品质

思维品质的提升有助于学生学会发现问题、分析问题和解决问题,对事物做出正确的价值判断。在本节课中,教师给学生提供了充分的思维空间,例如,猜一猜的环节,教师放手让学生积极运用所学的语言知识,让甲学生通过 She/He is my friend. She/He is... She/He can... She/He likes... 等句型对好朋友进行口头描述,乙学生则通过甲的描述获取信息,借助思维能力对信息进行重整,进而通过句型 Is he/ she tall... 表达自己的猜想,这便是思维能力提升的过程。

4. 情感渗透,培育文化意识

文化意识的培育有助于学生增强国家情怀和人类命运共同体意识,涵养品格,提升文明素养和社会责任感。本课在培养学生语言能力、思维品质和学习能力的同时,也注重文化意识的培育。在教学的最后,用一句名言"A friend in need is a friend indeed",对学生进行情感教育,简短的英文谚语实现了更有深度的文化意识培养。

(课例提供者:杨成燕)

项目学习 Ⅰ 小明的一天

适用年级：小学一年级

一 内容分析

本项目内容基于北师大版小学数学一年级上册第八单元"认识钟表"，这是该单元的唯一一课，也是本册教材的最后一节新课。在本单元中，学生主要学习两个方面的知识：一是初步认识钟面（认识时针、分针）；二是学会认读整时和半时，并学会整时和半时的表示方法。

从学习阶段看，本项目是学生在小学阶段关于时间学习的起点，该项目学习将为后续进一步认识钟面（时、分、秒）、学习时间（年、月、日）及二十四时计时法做好知识铺垫，也为后续培养学生的量感打下基础。

二 学情分析

本项目是学生在小学阶段第一次学习钟表的有关知识，虽然钟表在此之前没有在数学课堂上出现过，但钟表是生活中十分常见的计时工具，与学生的生活紧密相关。

在教育部颁发的《幼儿园教育指导纲要（试行）》的第二部分"教育内容与要求"中，在科学领域提到要"引导幼儿对周围环境中的数、量、形、时间和空间等现象产生兴趣，建构初步的数概念，并学习用简单的数学方法解决生活和游戏中某些简单的问题。"

因此本项目开始之前，学生对钟表是有一定的生活经验和学习体验的，学生大部分都知道钟表用来表示时间，时间跟我们的生活是息息相关的。但学生对钟表的认识大多是感性的认识，对钟面的各要素的感知和认识是不够准确、不够严谨的。本次项目开展重点要让学生用数学的眼光来观察钟面，使学生对钟表有整体的感知和在整体感知的基础上进一步认识整时和半时。

三 项目概述

1. 设置合理的学习目标

通过分析教学内容的编排及学生的学情，本项目首先为学生设置合理可完成的学习目标，并在实际开展中，分环节层层深入，各个击破。

"最近发展区"理论表明，一个阶段的最近发展区将会转变为下一个阶段的现实发展水平，在此基础上又将有新的最近发展区。教师充分利用好学生的最近发展区，在课堂教学环节给学生搭建好学习的"脚手架"，让学生"踩"着楼梯渐渐深入探索。

如在"识时初探"的子活动中，教师让学生先尝试用自己的语言描述单幅情境图的内容。在描述的过程中，教师注重对学生语言规范性的训练，使学生在后续描述一天的时间时，对整时、半时的读法较为准确，从而能够更加专注于探索整时、半时钟面表示方法的规律上，最终使得表示方式的结论能够顺利从学生的口中总结出来。

在"认识整时、半时"的子活动中，先通过简单、易观察的几个时刻，让学生经历动手操作、观察比较的过程，初步总结出整时、半时表示方法的规律，再在"比谁拨得快""比谁拨得准"两个活动中，进一步讨论易错时刻和易错方式，从而突破难点。

2. 贴近生活的话题情境

项目学习的开展依托真实的学习情境。教师创造性地使用教材情境，将教材中虚构人物"小明的一天"改编为"我们的一天"，并拍摄班级学生平时的生活场景作为课堂教学素材，这样的改编更有利于学生从自己的生活实际出发去理解时间、感受时间，在学习数学中的时间相关知识的同时，能够紧密联系生活实际，形成要珍惜时间，合理安排时间的价值观。

从幼小衔接的角度来看，这个阶段的学生对生活化的课程内容更感兴趣。本项目设计围绕学生周边的生活展开探索，让学生从自己身边的具体情境中学习，能大大激发学生的学习兴趣，体验学习乐趣，积累学习经验。

3. 活动式的课堂组织

由皮亚杰的儿童思维发展阶段理论可知，从幼儿园到小学这个年龄段的学生正处于前运算阶段向具体运算阶段过渡的时期，他们的思维主要特点是具体形象性、不可逆性和知觉集中倾向,这个阶段的学生的学习是从动作到表象再到抽象思维的建立过程,要经历从外部动作向内部思维发展的过程。因此在进行项目设计时,教师注重让学生通过先动手操作(动作),再仔细观察(表象),最后总结规律(抽象)。

如"拨一拨,找一找"这一子活动,教师先让学生对照图上的钟面,动手操作拨一拨6个时刻,让学生的学习先从外部形式的活动开始,在"拨一拨"的动手操作活动中促进思维的发展;再请学生仔细观察6个钟面的特点,寻找相同的地方,使学生的思维活动由直接感知转化为表象,总结出相同部分;最后通过将发现和同桌说一说并进行全班交流等方式,让学生初步构建抽象逻辑。在这个过程中,教师通过让学生操作、观察、讨论、提炼多个阶段的活动,调动学生多种感官,在活动中引起学生的学习兴趣和求知欲,激发学生主动学习的态度,促进学生思维的发展。

4. 素养导向的教学设计

本项目要求学生对时间这个量有初步的认识,是培养时间量感的起始活动。如果仅仅只是教授认整时、半时的方法,那学生获得的只是读钟表的机械的方法,对时间没有形成认识。

教师采用基于实境具身的情境化学习方式。通过创设情境的方式引导学生参与学习,将学习的内容与学生的真实生活经历相结合,加深理解。因为课堂只有40分钟,不能让学生感受一天时间的流逝,但学生在平时的生活中已经有充分的经验。因此,在项目开展中,通过创设学生一天的生活情境,让学生在熟悉的情境中从数学的角度认识时间,从而将时间这个量与自身真实生活联系。学生在学习认整时、半时时,在思维中也将抽象的时刻与具象的生活场景联系起来,时间的流逝这一抽象的感觉也具象到学生的思维中。

5. 多元化的项目评价

根据一年级学生的心理年龄特点,本项目采用了过程性评价和结果性评价相结合的方式,对学生的学习过程不断关注,并巧妙结合课堂环节,充分调动学生的学习动力,促进课堂环节的推动。

在项目开展过程中,教师采用学生感兴趣的大组之间赛车比赛的形式,通过组间竞争,采用教师评价、组间互评的方式,让学生一直保持兴奋的学习状态,促进学生的学习。同时将组间竞争的结果与课堂环节"打开时光宝盒"的机会挂钩,宝箱的神秘感让学生跃跃欲试，使得在整节课中学生都有一个具象的达成目标，让学生的学习变被动为主动。

在课后通过开放式的任务设置，既考查学生对本节课知识能力的掌握，也给学生充足的空间进行个性化表达。在完成这个任务过程中，教师对学生的知识与技能、情感态度和解决问题等方面进行了综合性考查。并且课后任务没有设定统一的评价标准，让每个学生都有机会出彩。

四 学习目标

1. 在具体的生活情境中，经历认识钟表的过程，从整体上认识钟表，知道钟表可以用来计时。
2. 初步认识钟表，会认读整时和半时，并能用整时和半时描述一天的活动。
3. 在认识钟表和认读时间的过程中，初步学习观察、比较的方法。
4. 结合日常作息时间，在与他人交流中，知道要珍惜时间，学会合理安排时间，养成良好的珍惜时间的习惯。

五 设计思路

本项目通过设计贴近学生生活的情境，拉近学习材料与学生的距离，并充分利用学生的已有知识结构和生活经验引入学习话题，在课堂中通过"玩一玩，看一看""拨一拨，找一找"的学习活动，让学生在自主动手操作的活动中，认识钟表，探索整时和半时的表示规律。整节课中，"打开时光宝盒"的游戏情境贯穿始终，用游戏在学习过程中激发学生的学习兴趣，促进学生的主动学习，并巧妙引出时间的其他表示方法，让学生体会到时间看不见摸不着，却无处不在，每时每刻都在流逝，引导学生珍惜时间。

六 教学过程

1. 谈话引入

师：同学们，平时我们的一天是怎么度过的？今天的课堂老师想让同学们用数学的眼光重新来看一看我们的一天如何度过,就让我们一起走进我们的一天。

◆ 设计意图:创造性使用教材,通过用学生身边同学的生活情境引入时间话题,让熟悉的生活情境将看不见摸不着的"时间"转化为学生熟悉的表象和行为,帮助学生逐步形成"时间"概念。

2. 识时初探

师:(出示第一幅情境图)请看,你知道张同学在什么时间做什么吗?

生1:他在7点的时候穿衣服。

生2:他在7点12分起床穿衣服。

师:嗯,出现了两种不同的说法。请大家观察图片,你能看到表示时间的关键词吗?对了,就是7时,在数学上,我们把这个时刻叫作7时。谁能再说一说张同学在什么时间做什么吗?

生3:他在7时起床穿衣服。

师:你的数学语言真准确,请看下面这幅图这两位同学在什么时间做什么呢?

生1:他们在6点时做操。

生2:他们在9点半做操。

师:有没有同学能用刚刚的数学语言来描述?

生3:他们在9时半做操。

师:太棒了,你的数学语言也很准确。图中提示了我们,这个时刻叫作9时半。

师:看来刚刚大家看钟表的时候还是有一些问题的,我们发现我们现在的能力还没办法一下就准确地把钟表上的时间认出来。没关系,这就是我们这节课要完成的目标,学完这节课我们就能准确地说出钟表上的时间了。

◆ 设计意图:教师先用一个整时和一个半时的生活情境,让学生初步尝试认读钟表,使学生经历这个过程后发现数学上的认识钟表和生活中印象中的不太一样,从而形成认知冲突,激发学生学习新知的动力。同时在这个环节,教师让学生通过用语言描述两个情境图,给学生搭建好"_____时,做_____"的语言支架,为后续交流描述一天的活动做铺垫。

3. 认识钟面

师:那我们就来认识认识钟面吧!接下来给大家机会玩一玩我们的学具,请大家拿出发下去的数学学具,仔细观察,钟面上有什么?先独立思考,再同桌说一说你的发现。

"玩一玩,看一看"活动要求如下:

(1) 拿出数学学具:钟面;

(2) 玩一玩,并观察:钟面上有什么?

(3) 和同桌说一说你的发现。

全班交流。

生1：我发现，有一根短针叫时针，一根长针叫分针，还有秒针。

师：你的知识面可真广啊。我们的钟面上有三种针，时针、分针和秒针（在钟面贴上三种针）。今天这节课，我们只研究时针和分针（把秒针取下来）。那时针和分针长得有什么不一样呢？

生2：时针粗粗的、短短的，分针长长的、细细的。

师：你观察得真仔细。（板书：时针粗又短，分针长又细）

生3：钟面上还有数字，从1到12。

师：你真有数学的眼光，观察到了上面有数字。大家注意到了数字的顺序方向吗？……是的，从1开始到12，这个方向我们说是顺时针方向，大家可以拿出手来比划，这就是顺时针方向。

师：我们班的同学们真会观察，一下就把钟面上的朋友都找出来，钟面上的朋友到齐了，时钟就能转动了。（播放时钟转动的视频）

◆ 设计意图：教师通过"玩一玩，看一看"的活动，让学生先自己动手、观察钟面上有什么，再全班交流总结钟面上的元素；先学后教，让学生主动获得知识。

4. 认识整时、半时

师：快看，老师知道大家认识钟面了，迫不及待地想向大家展示我们一天的活动了。请你说一说我们班同学这一天，在什么时间做什么呢？和同桌说一说，请代表上台说。

请全班同学用"＿＿＿＿时，做＿＿＿＿"的句式，先跟同桌说，再派代表上台说，最后以全班说的方式认读每个情境图的时刻。

师：同学们的语言真准确，我一下就听懂了。我现在有一个疑问了，同学们在12时吃的是午饭还是晚饭？

生：应该是中午12时，如果是晚上12时，通常我们在睡觉了。

师：那这里的4时是上午的4时还是下午的4时呢？

生：应该是下午的4时，就是我们下午上完两节课之后的时间，他正好在做运动。

师：同学们真棒，不仅将时间说得清楚准确，还能将时间联系我们自己的生活，说清道理。

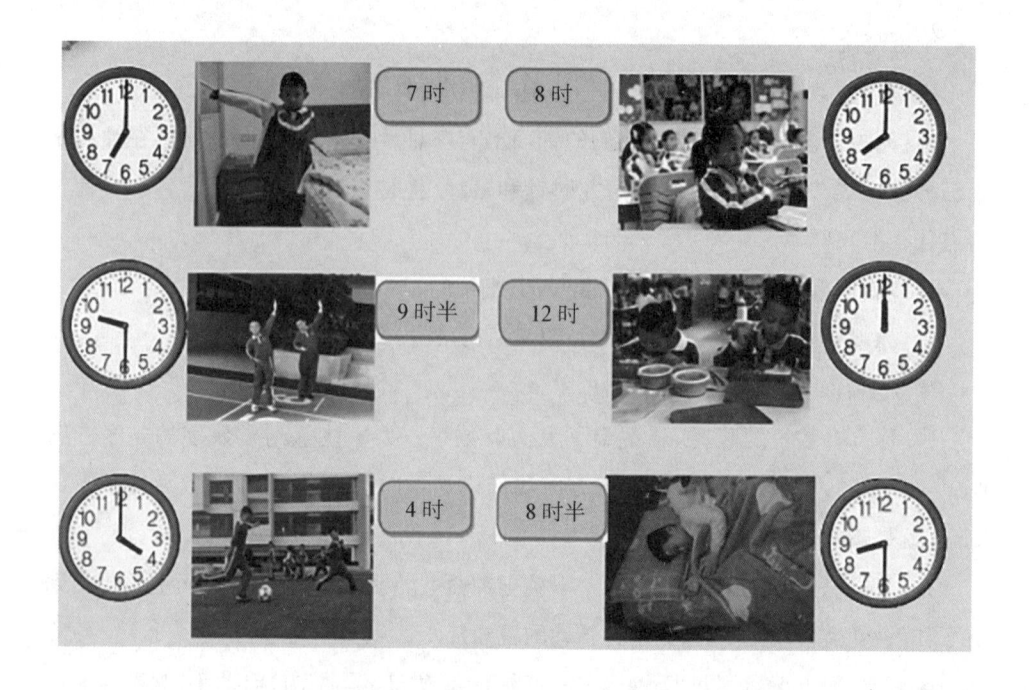

◆ 设计意图:通过让学生用语言描述我们的一天,锻炼学生语言表达的准确性,感受一天时间的变化过程,并在这个过程中,规范整时和半时的读法。同时,用问题串启发学生将图中的时刻联系自身的生活实际,帮助学生建立时间感。

师:刚刚我们用语言描述了我们的一天是如何度过的,其实这幅图中隐藏着十分重要的信息。请看屏幕。(将图片消失,只剩下钟面和时刻),我们从一天的活动中获得了6个关键的时间,它们分别是7时、8时、9时半、12时、4时、8时半。

在数学中,我们将7时、8时、12时、4时这样的时刻叫作整时,9时半、4时半叫作半时。

请大家拨一拨,并仔细观察整时和半时的钟面,找一找它们分别有什么相同的地方?

"拨一拨,找一找"活动要求如下:

(1)请你依次在钟面上拨一拨这6个时刻;

(2)请仔细观察六个钟面;

(3)找一找,整时有什么相同的地方?半时有什么相同的地方?

第三章　从情境逻辑到活动逻辑

（4）把你的发现和同桌说一说。

全班交流：

生1：我发现，整时这几个的分针都对着12。

师：(面向全班)是这样吗？(课件将整时的分针标红)整时的分针都指向12，你真有一双会发现的眼睛。

生2：时针也有规律，7时的时候就指7，8时的时候就指8，4时的时候就指4。

师：也就是说时针几时就指几。看来同学们找到了整时的规律，表示整时的时候，分针永远指向12，时针就是几时就指向几。我们来玩一个游戏，比谁拨得快，试着来拨一拨，请注意分针细又长，时针粗又短，不要弄错了哦。我说一个时间，请大家马上在钟面上拨出来。(全班同学自己拨钟面，挑选代表上台拨钟面)

师：2时、8时、12时。

师：(12时)为什么都只剩一根针了？你们拨错了吧？

生：分针永远指向12，时针这个时候也指向12，所以看起来只有一根针。

师：原来是两个指针重叠了，看起来只有一根针，是因为两根针都指向了12。

师：6时。出现了两种拨法，哪个对呢？

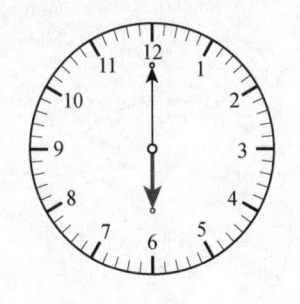

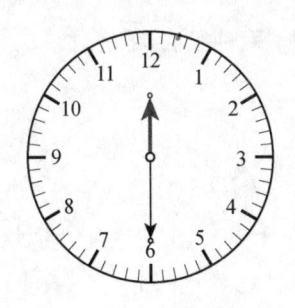

生1：两个看起来都一样。

生2：看起来不一样，时针和分针的位置正好反过来。

生3：第1个对，因为分针长指向12，时针短指向6。

师：是啊，看起来这两种拨法很像，其实是不一样的，我们在拨的时候一定要思路清楚，哪个指针指向哪里。看来同学们总结出来的规律真好用，整时的时候，分针永远

指向12,几时时针就指向几。(板书标红整时的分针)

师:那半时又有什么规律呢?

生:分针都指向6。

师:(课件将分针标红)时针呢?有什么规律吗?

生1:几时半时针就指向几。

生2:不是,仔细看,时针没有准确地指到一个数字,是指在中间的位置。

师:中间的位置是什么意思?我们一起来仔细观察一下。8时半的时候,分针指向6,时针指向的是8到9的中间,9时半的时候,分针还是指向6,时针指向9到10的中间。按照这个规律,我们来猜一猜,10时半的时候,分针指向哪里?时针指向哪里?

生:分针指向6,时针指向10到11的中间。

师:那11时半呢?时针怎么指?

生:11到12的中间。

师:发现规律了吗?半时的时候,几时半,时针就指向这个数和下个数的中间,分针永远指向6。(课件标出这个数和下一个数的中间区域)

师:接下来我们来玩"比谁拨得准"的游戏,我说半时,大家拨。(全班同学拨,派代表上台拨1时半,2时半,5时半)

5时半出现了两种拨法,哪个对?

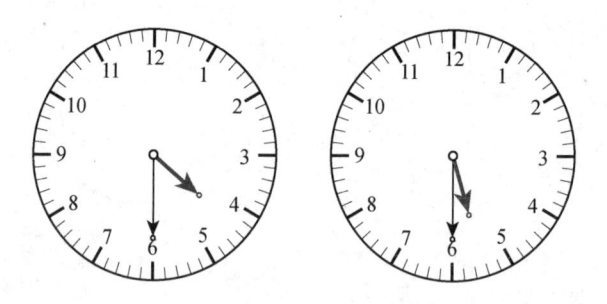

请全班学生讨论总结,5时半的时针应该在5和6的中间,应该是第二种对。

12时半出现了两种拨法,哪个对?

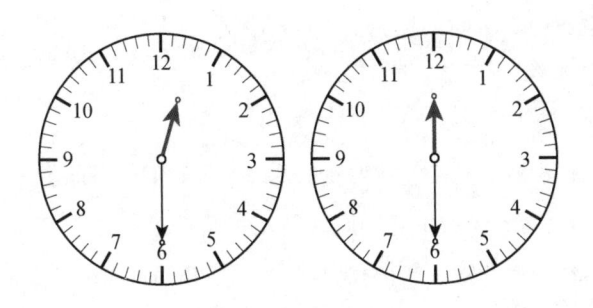

请全班学生讨论总结,12时半,在钟面上,顺时针方向,12的下一个数是1,因此时针要指向12和1的中间。

师总结:在表示半时时,分针永远指向6,几时半,时针就指向这个数和下个数的中间。(板书标红半时的分针和时针两个数之间的区域)

◆ 设计意图:这个环节是本节课的重点环节,让学生通过先照样子拨一拨、观察整时和半时找相同点,进而再自主动手操作、同伴合作的过程中找出整时、半时的特点,发展学生的观察能力和比较能力。在这个环节,老师没有直接将结论告诉学生,而是让学生积累了充足的活动经验后,感受规律,并用自己的语言表达规律。在让学生对规律有了初步的感知后,通过"比谁拨得快""比谁拨得准"两个游戏活动,进一步深化对整时、半时表示方法的理解,通过对学生的易错点和学生生成的错误进行全班交流,从而突破本节课的难点。

5. 打开时光宝盒

师:通过同学们刚才的表现,我们获得了"打开时光宝盒"的机会,可以探寻时间的秘密。

宝盒1:出现电子时钟

师:这个钟上表示的也是时间,怎么跟我们这节课学习的表示方法不一样呢?你们在生活中见过吗?

生:我的儿童手表上有这个时间,7:00就是7时的意思。

师:你真会观察身边的事物,其实这个是我们生活中常用的电子计时法。7:00表示7时,9:30表示9时半。请大家完成课本第93页练一练第2题。

宝盒2:出现太阳

师:太阳中藏着什么时间的秘密呢?太阳照射出来的影子也能反映出一天的时间,请大家完成课本第93页练一练第3题。

宝盒3:出现白纸

师:怎么什么都没有?其实它就像我们的时间。我们的时间看得见吗?(不行)摸得着吗?(不行)但是看不见摸不着的时间就在我们上课的时候、吃饭的时候、睡觉的时候、玩耍的时候悄悄地溜走。如果我们不珍惜时间的话,在不知不觉中就溜走了,我们就什么事情都做不成,所以在平时的生活中、学习中,我们要合理安排好自己的时间,做到珍惜时间,做有意义的事。

◆ 设计意图:通过"打开时光宝盒"这样的游戏环节设计,提升学生学习的兴趣,宝盒的神秘感也能激发学生的求知欲,在"打开宝盒"的过程中初步揭示时间的秘密,让学生对时间的表象有更多的了解。在最后一个宝盒打开时,出现一张空白的纸,揭示哲理,让学生更加深刻感受到时间"看不见也摸不着"的属性,从而更加珍惜时间。

七 项目延伸

1. 回家用绘画的方式记录自己一天的时间是怎么度过的,在画中要体现出时间。
2. 说一说在平时的生活中怎样合理安排自己的时间。

(创意设计者:郭惠怡)

评价创意 Ⅰ 寻年味儿

适用年级：小学一、二年级

一 设计理念

本项目严格执行"小学一、二年级不进行纸笔"考试的规定，将游园活动作为课程来设计，依据学科核心素养，结合纵横课程，确定评价内容，注重学生综合素养的发展，融合劳动、科学、体育、美术、音乐、道法等学科的相关知识。以"中华传统节日——春节"为任务主题，强调学生不同学科的核心素养、综合素养的评价，设计通识知识及评价任务合一的游园课程手册，通过学评，每个孩子既能亲历春节习俗，了解传统文化，增强文化自信，又能立足学科核心素养发展学科技能，提升综合素养。

二 设计思路

表3-2 "寻年味儿"设计思路

关卡项目	评价学科	素养维度
走街串巷寻年味	数学 科学	量感与空间、测量与计算
		观察与探究、思考与表达
掸尘布新添年味	劳动 道德与法治	整理收纳、团队合作
		个人品德、社会公德
民俗荟萃品年味	语文 英语	词语积累、朗读表达
		语感积累、表达运用
龙腾虎跃戏年味	体育	灵敏度、协调性、运动技能、体育品德

(续表)

关卡项目	评价学科	素养维度
载歌载舞乐年味	音乐	歌唱技能、乐理知识
张灯结彩闹年味	美术	图像识读、作品赏析

三 评价内容

表3-3 "寻年味儿"评价内容

一年级	
走街串巷寻年味儿(数科)	计算统计:买年货
	方位辨认:贴春联
	科学理解:植物生长
掸尘布新添年味儿(劳动)	整理劳动:整理课桌
民俗荟萃品年味儿(语英)	拼音大闯关
	词句对对碰
	我能自信说
	Food I like
	Food I buy
龙腾虎跃戏年味儿(体育)	爬跳钻跑扔
载歌载舞乐年味儿(音乐)	音乐节奏我认识
	我是小小歌唱家
张灯结彩闹年味儿(美术)	辨识作品
	慧眼识友
二年级	
走街串巷寻年味儿(数科)	计算统计:买年货
	长度测量:量福字

(续表)

二年级	
	科学感知:年货材料辨一辨
掸尘布新添年味儿(劳动)	我是桌面整理师
民俗荟萃品年味儿(语英)	字词大比拼
	童声来敲门
	我是语言家
	Ready for dinner
	Super dinner/Super me
龙腾虎跃戏年味儿(体育)	爬跳钻跑扔
载歌载舞乐年味儿(音乐)	吹奏乐器我会认
	我是小小歌唱家
张灯结彩闹年味儿(美术)	传统文化我了解
	美术知识我知道

四 评价体系

表3-4 "寻年味儿"评价体系

类　　别	等　　级
寻宝状元	获得12—14个A等级
寻宝榜眼	获得10—11个A等级
寻宝探花	获得7—9个A等级
继续加油	获得7个以下A等级

(创意设计者:苏红梅、杨梦思、邓可扬及各科组老师)

第四章
从任务逻辑到行动逻辑

在学习过程中,学生是学习的主动者,学习行动应由学生主动发起。行动逻辑观的学习关注学生主体性的发挥,站在学生的立场和角度思考教学内容和教学方式的确立,让学生在学习中行动起来,发挥主观能动性。行动逻辑观的学习也关注学生实践能力的发展。在行动逻辑下的实践性学习具有主体性、情境性、开放性、现实性、宽广性、社会性和道德性。行动逻辑观指向实践性学习,包括自主型实践性学习、合作型实践性学习。

当我们提到任务时,头脑中会出现两个主体:任务的提出者和任务的执行者。[1]《现代汉语词典》中对任务的解释有二:担负的责任;交派的工作。[2] 在传统课程实施过程中,任务的学习者往往处于一种相对被动的状态,学习方式普遍地表现为任务型逻辑,教师精心设计任务、安排任务,学生亦步亦趋,被动地依任务而动、循任务而行,学生难以构建内化的、系统的知识体系,难以形成主动思考、批判质疑、探索未知、迎难而上等品质,这也是任务逻辑观的弊端。

何为行动?意为为实现某种目的而进行活动,行动包括三个要素,分别为任务、目的和适应。任务就是做什么,目的就是为什么,适应就是怎么做,行动逻辑的学习观就不再只是停留在被动的任务上。它认为在学习的过程中,学生是学习的主动者,学习行动应由学生主动发起;在教学过程中,学生首先应主动了解自己的任务是什么,然后明确自己的任务要达到什么程度,最后就是主动寻求适合自己的学习方式去实现目标。

行动逻辑观的学习关注学生主体性的发挥。在现实中,学生更多的是被动地学习编排好的知识与任务,学习缺乏主观能动性、知识缺乏建构性。学习者是具有主动性的人,学习的过程也是学习者积极主动的过程。建构主义认为,学习是学习者自己建构知识的过程,学习应伴随学习者主动重组知识结构和转变观念的部分。同时,建构主义强调学习的主体性、情境性和社会性,契合当前教育理念,也与综合实践活动课程的特性符合。人本主义学习理论也注重学习者主体价值、情感和态度等非理性因素在学习中的重要作用,强调教学应以学生为中心。可见,强调学生的主体性是很多学习理论的共同点。

大卫·库伯提出"学习圈理论",认为经验学习过程是由四个适应性学习阶段构成的环形结构,包括具体经验(Concrete Experience)、反思性观察(Reflective Observation)、抽象概念化(Abstract Conceptualization)、主动实践(Active Experimentation)[3]。具体经验是让学习者完全投入一种新的体验[4];反思性观察是学习者对已经历的体验的思考;

---

[1] 许文艳.任务逻辑[D].西安:陕西师范大学,2004.
[2] 郭艳复.现代汉语词典[M].长春:北方妇女儿童出版社,2004.
[3] (美)D·A·库伯.体验学习 让体验成为学习和发展的源泉[M].王灿明,朱水萍等译.上海:华东师范大学出版社,2008.
[4] 杜冰冰.体验式教学模式于艺术设计教学中的应用与研究[J].艺术设计研究,2010,(3):109—112.

抽象概念化是学习者必须达到理解和吸收所观察的内容的程度并使之成为合乎逻辑的概念；到了主动实践阶段，学习者要验证这些概念并将它们运用到制定策略、解决问题之中。"学习圈理论"的最后一个环节是行动，它与传统学习根本的区别就在于学生是主动学习还是被动学习。需要认识的是，在学习的过程中，如果只是被动地接受编排好的任务，而不是主动建构、主动实施学习行动，学生很难系统地、深刻地掌握繁杂的知识。《义务教育课程方案（2022版）》明确要求"创设以学习者为中心的学习环境，凸显学生的学习主体地位，引导学生明确目标、自主规划与自我监控"，随着社会的变革和新课程标准的推进，课堂教学改革不断深化，学生作为学习的主体地位逐渐得到确立，围绕核心素养，着力发展学生主动性，强调教师在课程落地、教学实施中，站在学生的立场和角度思考教学内容和教学方式的确立，把学习的主动权交给学生，让学生在学习中行动起来，发挥主观能动性，积极参与到学习过程中，学生学习的发生需要从任务逻辑转型为行动逻辑。

行动逻辑观的学习关注学生实践能力的发展。《义务教育课程方案（2022版）》提出："加强课程与生产劳动、社会实践的结合，充分发挥实践的独特育人功能。突出学科思想方法和探究方式的学习，加强知行合一、学思结合，倡导'做中学''用中学''创中学'。"《义务教育课程方案（2022版）》在课程实施中也强调深化教学改革，注重"做中学"，引导学生参与学科探究活动，经历发现问题、解决问题、建构知识、运用知识的过程，增强学生认识真实世界、解决真实问题的能力。实践性学习指"学生在学科领域或现实生活的情境中，通过发现问题、调查研究、动手操作、表达与交流等探究性活动，获得知识、技能、态度的学习方式和学习过程"，是在实际情境中，学习者通过融入实践活动、扮演角色和融入关系而进行知识经验学习的一种学习方式。在行动逻辑下的实践性学习具有主体性、情境性、开放性、现实性、宽广性、社会性和道德性。实践性学习的基本目的是促进学习者参与实践、参与生活、参与社会，学习知识经验，并形成具有个人意义和生存价值的知识经验，同时也是培养学习综合素质、实践能力和创新精神的一种学习方式。

行动逻辑观指向实践性学习，包括自主型实践性学习、合作型实践性学习。自主型实践性学习是指学习者作为一个独立学习的个体在指导者、客观因素或自己的启发引导下，充分发挥自己的学习主体作用，在实践情境中主动融入实践角色的实践探索和学习的活动,实现积极自主的实践性学习过程。东纵小学的"行思阅读",倡导行走在生活的字里行间,注重学生主动性的发挥,强调阅读的实践、实践中的阅读。例如读书月中拾萤图书馆发起的"我的拾萤日记"阅读活动,通过"童言荐好书""童手绘插画""童声齐朗读""书香在我家"等阅读行动,实践生活中的大阅读;跨学科项目中的阅读课程,更是充分发挥学生的学习主体作用,在实践情境中主动融入实践角色开展阅读,如传统节日"纵享中秋月""探清明·寻春秋"项目中的读中秋、读清明等传统节日文化阅读课程,生活实践"我的布上花园""今天我请大家吃饭"项目中读四季、读草木染、读营养搭配等阅读课程。学生在自主的阅读中,实现对大概念的知识建构。

合作型实践性学习主要有两种形式,其一是临时组成的、在同伴的关系上形成的一种合作小组学习;其二是由固定人员组成的、长期的实践性团队的学习。《学记》有言"独学而无友,则孤陋而寡闻",可见我国古代先贤也强调学习中的合作。合作学习能充分利用学习过程中的动态信息和资源,同时学习者之间的互动能为学习进程提供心理支持,共同达到学习目标。东纵小学积极探索开展全科教育,以学科融合和跨学科融合为基点开展各类丰富多彩、贴合学生兴趣点与生长点的项目。比如,"坪山红色文化小导游"项目依托坪山这片历史文化厚重的热土,根据东纵精神、特区精神在这里交相辉映的实际以及学生自主探究如何成为一名坪山红色文化小导游的方案,适时开展"小小历史记录员""双语研学导览地图策划师""争做小小代言人"等活动环节,打通成长目标路径。在活动过程中,学生通过和家人实地走访、请教他人、利用书籍和网络查找资料等方式,自主了解和探索坪山的红色景点和文化。在获取知识的基础上,综合运用学过的知识和同伴一起设计图文并茂的"双语研学导览地图",然后小组共同携手录制导游视频,以生动直观的方式为研学团的同学们介绍坪山红色文化。项目借国庆中秋之机创设外地同学来深研学的情境,充分发挥学生的主动性、探究性,合作互助性,让学生有兴趣、乐探究、展行动。项目实施的过程,就是学生综合运用所学知识与技能、发挥学习同伴互助作用思考问题、解决问题的过程,也是在主动学习、互助学习的行动中螺旋成长的过程。

(撰稿者:苏红梅)

课程展台 ┃ 阅读纵队

东纵小学坐落于东江纵队发源地，从创校命名即被赋予新时代的教育使命，赓续红色血脉，传承红色基因。学校在东江纵队的历史背景下打造"阅读纵队"，其一指阅读课程内容的系统性，另一方面指阅读课程推进的群体性，践行"行思阅读"实践路径。

正如苏霍姆林斯基所说："我无限相信书籍的力量。"阅读是一切学习活动的基础，对人的成长有着至关重要的作用。行思阅读，是一种实践性阅读，"行"是实践，"思"是思考；"行"是道路，"思"是方向；"行"是探索，"思"是理念；"行"是成长，"思"是理想。行与思又是合一的，用实践和思考表达对生活的敬畏。

一 "阅读纵队"课程的背景意义

行思阅读长在时代需求里。放眼时代发展，阅读的载体、内容和方式正在发生颠覆性变化，一个"大阅读时代"正在到来。所谓"大阅读"，是纸质阅读和数字阅读复合共存的阅读，是文字、声音、图像和视频复合共存的阅读。在《义务教育语文课程标准（2022年版）》核心素养发展的要求下，在"建设书香校园"理念引领下，东纵小学以行思阅读为主线，倡导学生养成终生阅读的习惯，即"大量阅读""自主阅读""生活中阅读"，让学生在基础教育阶段大量汲取中外优秀文化营养，形成阅读习惯、能力与品质，打下人生底色，为学生的可持续发展注入核心动能。

行思阅读长在民族血脉里。中华民族自古便是诗书礼仪之邦，古往今来，我们民族关于好学、勤学、劝学、苦读的名言俯拾皆是。"知"和"行"的关系是中华优秀传统文化的基本命题，也是中国哲学发展史上的重要议题。"行思阅读"正是对"知行合一"重要命题的继承发展，我们的阅读，不能仅仅局限于教材文本，要扩展阅读的接触面与实践范围，促进学生且行且思、知行合一，带领学生从文本的知识与经验，拓展到现实生活实践中去，更要把生活实践作为学生阅读的动力。

行思阅读长在国家要求里。2014年以来，全民阅读已连续十年写入《政府工作报告》；2016年，首个国家级全民阅读规划《全民阅读"十三五"时期发展规划》印发；2021年，"十四五"规划纲要提出"深入推进全民阅读，建设'书香中国'"；2022年，教育部在颁布的新课标中明确："义务教育阶段要激发学生读书兴趣，要求学生多读书，读好书，读整本书，养成良好的读书习惯，积累整本书阅读的经验。"2023年，全国教育工作会议指出要把开展读书活动作为一件大事来抓，引导学生"爱读书、读好书、善读书"……少年儿童是祖国的未来，是中华民族的希望。东纵小学扎实推进"书香校园"建设，打造了时时可读、处处可读的校园阅读环境。

行思阅读长在学校发展里。东纵小学自建校以来，积极开展各项阅读活动。学校的阳光阅读课程包括语文阅读课、经典诵读课、课外整本书阅读及读书月、寒暑期相关阅读活动，以纵语素养为主线，各项活动融通整合，提升学生的核心素养。学校充分利用图书馆资源每周开展班级拾萤阅读课，确保校内阅读课时。在评价方面，学校在每学期末开展纵语展示周与综合素养评价活动，对包括阅读素养在内的语文综合素养进行游戏化评价，寓教于乐。学生、教师坚持读书，并带动家长读书，校内带动校外，校风影响家风。

行思阅读长在儿童需求里。"少而好学，如日出之阳"。一个民族的未来，寄望于青春的力量。钱理群先生曾说："中小学教育是干什么的？一是培养学生读书的兴趣；二是教给学生好的读书方法；三是养成读书的习惯。做到这三条，学生就会一辈子读书，受益无穷。"对于孩子的成长而言，培养一种以书为伴的良好习惯，是受益终生的。东纵小学"拾萤图书馆"命名源起《晋书》车胤囊萤夜读的典故，寄语全校师生勤学不倦、艰苦奋斗。

二 "阅读纵队"课程的实践理念

1. 大观念

一个人的阅读观影响他的世界观、人生观、价值观。阅读，是落实立德树人、践行社会主义核心价值观、培养核心素养的重要举措。学校在开展"大阅读"时，首先是让师生眼中的阅读"大"起来,教师和学生都要培养阅读的"大观念"。"大观念"于教师培养上,是开展各项共读活动,尽量多地阅读各学科书目,让阅读成为一种生活方式;于学生而言,通过参与各项阅读活动,在学校和老师的引领下,清晰"读书"这件事的意义,明白阅读不是可有可无的消遣,也不是茶余饭后的加餐,更不是应付考试的工具,对"阅读"本身产生更本质、更深远、更透彻的理解。

2. 大学段

结合新课标,学校将阅读体系划分为三个学段,一、二年级为第一学段,三四年级为第二学段,五六年级为第三学段。第一学段以亲子共读、教师带读为主,以绘本为主要阅读对象,重在激发学生的阅读兴趣,建立识字阅读基础;第二学段以家校粗读、教师导读为主,是学生阅读的一个过渡阶段,以图文结合的书本为主要阅读对象,重点在于帮助学生巩固阅读习惯,学会一定的阅读方法;第三学段以学生自主阅读为主,读写结合,以文字书为主,引导推荐学生阅读大量名著,进一步提高阅读品位。每个学段都有与之相匹配的各类评价活动,以阅读之星评比为主线,利用世界读书日、寒暑假组织阅读评价活动,鼓励学生争当"东纵阅读星"。

3. 大学科

阅读不仅要重视质和量,也要落实其领域之大、视野之广。阅读不应该只是语文学科的事,它也同样深植于其他学科之中。在任一学科中,阅读都是学习该学科知识的必备手段。各学科老师都能引导学生参与到学科阅读中来,不仅仅把学科学习固定在教科书上。同时,各学科之间能进行融会贯通,实现"跨学科阅读"。各学科老师人人手握一把融通的钥匙,人人都是阅读者,人人都是学生的阅读规划师,人人都在指导、引领、影响着学生读书。

4. 大场域

阅读如果成为"学校限定"的活动,是十分不现实的。我们希望孩子"在学校喜欢读书、回到家里仍爱读书、走向社会仍会读书",让阅读成为孩子随身"携带"的"习惯基因"。校风影响家风,家风联动校风。为了让阅读成为家庭共识,以家长阅读带动学生阅读,我校开展系列活动,如"寻找最美书房""寻找书香家庭""家庭共读一本书""家庭茶话会"等活动搭建亲子共读桥梁,多一个"书香家庭"就多一个"学习型小组",让阅读成为每一个家庭成员集体进步、一路书香的通幽捷径。

三 "阅读纵队"课程的实践操作

东纵小学的"阅读纵队"课程架构包括三个部分：基础性课程、拓展性课程、活动性课程，实施分层次、分阶段的课程培养。

1. 基础性课程

（1）语文课堂阅读课程

语文阅读课作为行思阅读的基础性课程是阅读课程实施的主阵地，主要依托统编小学语文教材，根据语文要素进行阅读指导和训练，并开展"LOVE"作文的读写实践探索，打通从读到写的路径。

（2）拾萤切切阅读课程

学校图书馆以"拾萤"为名，取自《晋书·车胤传》，以此激励师生结书为友，在书香的浸润下丰富自我，寻找到自己的诗与远方。

东纵小学充分利用"拾萤"图书馆资源，每班每周固定开设1节阅读课，确保校内阅读课的时间。语文科组老师组织开发阅读指导课、整本书导读课、阅读交流课、成果展示课等课例课型。其中，阅读指导课是指老师指导学生学的课堂，主要依托统编小学语文教材，根据语文要素进行阅读指导和训练；阅读导读课立足教材推荐的必读书目，以课内活动推动课外阅读的课堂，激发学生整本书阅读的兴趣；阅读交流课是把更多时间留给学生自主阅读、自觉思考、自由分享与交流的课堂；成果展示课是学生通过展演、表达等多种方式进行阅读成果分享和交流的课堂。

2. 拓展性课程

（1）经典诵读校本课程

整体设计，系统推进。学科组编订了校本教材、制定课程纲要，并且开发配套微课资源包，在校本教材中，不仅包含《小学生必备古诗词75首》、经典《弟子规》《三字经》《笠翁对韵》《增广贤文》《论语》《道德经》等内容，也融入如《东纵赞》等红色现代诗歌、经典爱国诗词等内容，凸显东纵特色。校本教材配套相应的微课资源也持续更新，方便学生课后扫码观看并学习，体现随时、随地、随人的学习方式。

专门课时，保障落实。学校专门安排课时常规推进实施，每周一节经典诵读课，同时各班在课前3分钟开展诵读活动,给予学生自主诵读的时间,在琅琅书声中品味经典,低年级主要达到熟读成诵的目标,中高年级逐步追求读得抑扬顿挫、涵泳品味,进而悟理知义、捕捉经典中的言外之意、弦外之音。

课题研究,纵深发力。语文科组教师还开展了经典诵读课程的开发与实施的课题研究,纵深研究加强《经典诵读》课程的落实。

(2) PBL 跨学科阅读课程

1) 主题节日课程

我校的"行思阅读",倡导行走在生活的字里行间,注重学生主动性的发挥,强调阅读的实践、实践中的阅读。基于学生全面发展的需要,学科融通成为必然,学科关系越发紧密,学校将阅读与各节日相结合,开展系列化的主题阅读项目,加强综合性、项目式、主题式阅读设计,引导学生将各学科知识融会贯通。例如在"纵享中秋月""探清明·寻春趣"项目中的读中秋、读清明等传统节日文化,生活实践"我的布上花园""今天我请大家吃饭"项目中读四季、读草木染、读营养搭配等,学生在自主的阅读中,实现大概念的知识建构。

2) 戏剧课程、行走课程

学校以学科融合和跨学科融合为基点,还开展了戏剧课程、行走课程等各类丰富多彩、贴合学生兴趣点与生长点的阅读课程,让阅读走进生活,在生活实践中展开阅读。比如,我们的行走课程"坪山红色文化小导游"项目依托坪山这片历史文化厚重的热土,结合东纵精神和特区精神在这里交相辉映的实际,学生自主探究如何成为一名坪山红色文化小导游的方案,适时开展"小小历史记录员""双语研学导览地图策划师""争做小小代言人"等环节,打通成长目标路径,在活动过程中,通过和家人实地走访、请教他人、利用书籍和网络阅读资料等方式详细了解坪山的红色景点和文化,在获取知识的基础上,综合运用"读来"的知识和同伴一起设计图文并茂的"双语研学导览地图",然后小组共同携手录制导游视频,以生动直观的方式为研学团的同学们介绍坪山红色文化。项目借国庆中秋之机创设外地同学来深研学的情境,充分发挥学生的主动性、探究性和合作互助性,让学生有兴趣、乐探究、展行动,项目实施的过程,就是学生综合运用所学知识与技能、发挥学习同伴互助作用思考问题、解决问题的过程,也是在主动学习、互助学习的行动中螺旋成长的过程。

这时候的阅读，就不再仅仅是书本的阅读、文字的阅读，更是一种对生活的阅读、对世界的阅读、对生命的阅读。

3. 活动性课程

（1）馆校阅读活动课程

东纵小学开辟"拾萤阅览室—校园朗读亭—楼层悦读吧—班级图书角—家庭小书橱"五级书库，以丰富图书资源。学校始终坚持"大阅读"思想和"大图书馆"理念，联结线上线下，打通家校空间，真正实现海量阅读。

图书馆常态开展每月的活动，并利用朗读亭的线上小程序，开展朗读活动，积极参与的学生，将有机会到校园朗读亭朗读，对于学生来讲，是非常有成就感的事情。拾萤图书馆策划"争当东纵阅读星"阅读"摘星"活动。"争当东纵阅读星"阅读活动设计三种类型的阅读记录卡：故事类、科普类、历史类，以此引导"小纵子们"阅读不同类型的书籍，拓展他们的阅读范围，开阔他们的阅读视野，丰富他们的文化底蕴，为做到"读书破万卷，下笔如有神"打下坚实的基础。

（2）文学节活动课程

东纵小学每学期开展一次校园文学节活动，每次从启动到闭幕持续时间1个月左右，开展丰富的读书活动，既有全校阅读大纵队的活动，又有年级、班级小纵队的活动。活动根据学生年龄特点，有梯度地开展，形成阅读活动的内容纵队。

东纵小学以"共享读书之乐，争当阅读之星"为主题开展校园读书月活动，为"小纵子们"搭建丰富的活动平台，使孩子爱阅读、会阅读；引领家长创设家庭读书角，坚持每日伴读，让亲子共读成为家庭亮丽的风景。校园读书月以建设书香班级、评选书香家庭和阅读之星为抓手，开展童眼读绘本、童手绘插画、童心讲故事、童言荐好书等校园读书活动。童眼读绘本，以图书漂流为线，让学生感受阅读与分享的美好。一本绘本，一个故事，在晨间午后、课间休息、阅读课堂等美好的时光里，随处可见孩子们阅读的身影；或是独自沉浸在书的世界里，或是三三两两围坐而读，或是在老师的带领下共读……所读的书也丰富多样，有经典的绘本故事，有著名的童话神话，还有奇妙的科普作品。童手绘插画，孩子们用各种颜色，涂一涂、画一画，巧手自制绘本故事，或为自己喜欢的故事绘制插画，一幅幅作品尽显孩子们对书籍的理解。插画绘制，动手动脑，孩子们体验着不一样的"悦"读时光，感受阅读的美好。童心讲故事更是为读书活动增添了不少灵动。"小纵子们"年纪虽小,气场却十足,站在台前,他们用稚嫩的声音分享自己喜欢的故事,自信大方,声情并茂,赢得评委老师和现场观众热烈的掌声。阅读,不仅读进自己心里,也读给更多人听,让校园弥漫书香之气,让更多同学感受阅读的魅力。"童言荐好书"活动,也让"小纵子们"与书籍的故事走向更远的地方。书是人类的好朋友,以书会友、同沐书香,各个班级推荐优秀荐书官,他们录制精彩的好书推荐视频,优秀的荐书视频还会被学校的视频号选用发布。童声诵经典,响亮"悦"读,东纵小学组织以"童声阅动,书香人生"为主题的世界读书日童声朗诵会,利用优谷朗读亭的资源,引导学生自信朗读、展现自我。同时东纵小学举办班级朗读大赛,展现各班的朗读风采,班班都参与,人人有平台。

(3) 素养展评活动课程

所有的课程都有自己的评价活动,学校探索把评价活动本身也开展成了课程,设计形式多样的、系统的阅读素养展评活动课程,这样的展评活动课程又不断地生发出激励学生阅读的动力,比如每周国旗下班级经典诵读的展演、每学期一次的纵横素养展示节和纵语素养展示活动周。低年级每学期一次的期末综合评价课程中阅读素养的评价也是其中的重要部分,比如"文武双全五育举、漫步东纵乐寻宝""寻年味儿"等游园评价课程,学生在参与多元的素养展评活动课程中,阅读兴趣愈加浓厚,阅读素养也得到极大提升。

(课程设计者:苏红梅　黄奕敏　邓瑞琳)

课例研究 | 田家四季歌

适用年级：小学二年级

《田家四季歌》是统编教材二年级上册第二单元的一篇主体课文。这是一首融儿童情趣与科普知识为一体的时序歌，短小押韵、朗朗上口。儿歌分为四节，每节三句话，分别讲述了春夏秋冬不同季节农家的不同景象。学习该儿歌不仅能使学生懂得一年四季农作物生长和农事活动的知识，还能让他们受到农业劳动美的熏陶。

一 理论基础

本课教学基于叶嘉莹先生的诗学理念。"感发生命"是叶嘉莹先生论诗之根本。先生说："在我看来，学习中国古典诗歌的用处，也就正在其可以唤起人们一种善于感发、富于联想、更富于高瞻远瞩之精神的不死的心灵。"而解读和挖掘《田家四季歌》的文本教材，我们不免发现本首儿歌也有"兴发感动"的特点。

《周礼·大司乐》中指明了学习歌诗词文的方法："以乐语教国子，兴、道、讽、诵、言、语。"结合郑玄注解，我们可以了解古人是这样学诗的。兴，是以善物喻善事，即用美好事物的物象开启学习，使之产生学习的兴趣和欲望；道读曰导，是通过引导、联想、迁移，层层深入开展学习。多种方式的朗诵是为讽诵，讽，把书合起来背诵；诵，以声节之，有节奏地读书，讲究抑扬顿挫。言语，是指学会表达；发端曰言；答述曰语。

二 案例实践

《义务教育语文课程标准（2022年版）》的更新发布，进一步强调学生核心素养的培养，更加强调学生对中华优秀传统文化的了解、认同、传承和创新。结合"兴发感动"

的诗教理论,本案例的开展主要有以下环节。

1. 兴道,丝丝入扣

(1) 兴:温故知新,破题导入

在导入环节,教师采用温故知新的方式,通过复习一年级学习的韵文《四季》导入课堂,认识四季,并结合图片和字形演变,认识"季"的本义是"幼小的庄稼",表示每个季节都有新的生命和希望,导入新课学习。

在齐读课题时,引导学生关注课题中不同的词组"田家""四季""歌":田家——农家,认识"农"字并拓展一类词;四季——认识"季"字,了解四个季节,对文本结构形成初步感知;歌——了解体裁为童谣儿歌,有朗朗上口的特点。

(2) 道:识字教学,从一个到一类

本单元作为识字单元,识字仍然是二年级的教学重点。在识字学词的过程中也体现着教师的引导性。如"农"字的教学:题目中的"农家"是指种田人家,我们也叫农家。农家耕作的田地叫农田,那么,农家用的工具叫什么呢?(生答:农具。)农家的人民叫什么呢?(生答:农民。)农民做的事情叫什么呢?(生答:农事。)农家人干的活儿叫什么呢?(生答:农活。)在生字的学习中,由一个词拓展到一类词,让学生能举一反三,同时过渡到本课所学习的农事活动。

(3) 道:感知梳理,农事分类

这一部分的导引,发生在讽诵的环节之后,建立在学生反复诵读、熟读课文的基础上形成整体感知,再在教师的引导下梳理文章内容。

课堂上,教师以"找季节景物,抓农事活动"为主任务,让学生自读课文,圈画各个季节的景物和农事活动,并进行小组交流和梳理。

在学习各个小节、推进课堂的过程中,第一小节以引学的方式开展,让学生习得提取信息、感知画面的基本方法后共学二三四小节找一找属于夏、秋、冬的事物和特点,体现由扶到放的特点,彰显学生的课堂主体性。

2. 讽诵,嘤嘤成韵

朗读是语文学习的基本方法,讽强调熟读成诵,诵强调带着画面和想象读,但无论是哪种方式,都离不开通过多种方式让学生反复读文,在读中品味、学习和感悟。

(1) 读：感受音韵美

通过自主读文、男女合作（女生读春秋小节，男生读夏冬小节）、师生合作读（师读黑字，生读红字）等多种方式，让学生在多种方式的朗读中发现各个小节中儿歌的押韵，感受歌谣的音韵美。

(2) 诵：感受文中情

二年级的学生年龄尚小，在如何有感情地朗读文章的方法上仍需要教师进行引导和示范。而本课的朗读指导主要围绕关键词句，让学生想象画面，进而读出情感。如第一小节"花开草长蝴蝶飞"，花忙着开，草忙着长，蝴蝶忙着飞，一切景物都那么生机勃勃，自然读得活力跳脱；第三、四小节则分别有"喜洋洋""笑盈盈"等表达情绪的词语，学生理解了这两个词语的意思，自然能更好地感受农家人的喜悦，带着笑容读出劳动后收获的欣喜和满足。

(3) 讽：感受读中趣

在带领学生一步步由朗读走向背诵的过程中，教师组织了美读、背读、赛读、节奏读等不同的活动，最终让学生达到背诵积累的学习效果。

活动1：我能美读。同学们个个都是小诗人，请再读读课文。教师指导学生配乐读、填空读。

活动2：我能背诵。尝试看图背诵，学生背诵或者分小组比赛背诵。

3. 言语，津津乐道

语文是学习语言文字运用的学科，学习语文，就要用语文的方式开展学习活动。具体地说，就是要在真实的语言情境中进行语言表达和训练。

(1) 仿照说

在学生共学分享不同小节的学习成果的过程中，教师趁机抓住小节特点，发现值得关注的语言现象进行言语练习。

如第二小节中，通过"（　　）（　　）又（　　）"的农事活动梳理填空，既让学生了解一年四季的农事活动，又在忙碌的搭配中感受夏季农事的忙碌。

又如，第三小节中，通过对"谷像黄金粒粒香"的句式仿写，学会说比喻句，学生学会用叠词表达。其中"喜洋洋""笑盈盈"等ABB式词语也是值得关注的语言现象，在课堂时间相对充裕的情况下也可以让学生结合生活经验和学习积累仿照说话。

(2) 拓展说

在课堂的拓展延伸环节,教师播放视频《袁隆平的禾下乘凉梦》,引导学生了解袁隆平爷爷的伟大梦想和辛勤实践,并结合自己的生活经验,说说自己的感受,旨在引导学生崇尚劳动、热爱劳动、珍惜劳动成果和珍惜粮食。

(课例提供者:黄奕敏)

项目学习 Ⅰ 宋朝历史对辛弃疾词的影响

适用年级：小学五年级

一 研究缘起和目的

1. 研究缘起

缘由一：五年级的学生学习了辛弃疾的词《清平乐·村居》，对作者辛弃疾产生了浓厚的兴趣，发现他既是南宋豪放派词人，还是一个叱咤风云的抗金将领，有"词中之龙"之称，与苏轼合称"苏辛"，又与李清照并称"济南二安"。

通过网络搜索，学生了解到辛弃疾一生以收复故土为志，以求建功立业，却命运多舛、备受排挤、壮志难酬。但他收复故土的爱国信念始终没有动摇，而是把满腔激情和对国家兴亡、民族命运的关切、忧虑，全部寄寓于词作之中。其词艺术风格多样，以豪放为主，风格沉雄豪迈又不乏细腻柔媚之处。

教师评说辛弃疾为：文武双全，有很深的爱国情怀。学生在教师的带领下，还阅读了他的《破阵子·醉里挑灯看剑》《南乡子·登京口北固亭有怀》等词，都写得豪迈有气势，抒发了他力图恢复国家统一的爱国热情，也倾诉了壮志难酬的悲愤。

缘由二：作为宋代盛行的一种中国文学体裁，宋词是一种相对于古体诗的新体诗歌之一，标志宋代文学的最高成就。宋词句子有长有短，便于歌唱。因是合乐的歌词，故又称曲子词、乐府、乐章、长短句、诗余、琴趣等。

词是一种音乐文学，它的产生、发展，以及创作、流传都与音乐有直接关系。词所配合的音乐是所谓燕乐，又叫宴乐，其主要成分是北周和隋以来由西域胡乐与民间里巷之曲相融而成的一种新型音乐，主要用于娱乐和宴会的演奏，隋代已开始流行。而配合燕乐的词的起源，也就可以上溯到隋代。

宋代的历史风云变幻，跌宕起伏，历史怎样影响、改变、造就词人、将领辛弃疾，使得他的诗词独具魅力、与众不同呢？

2. 研究目的

（1）通过了解宋代历史，探索其对辛弃疾一生的影响。

（2）通过阅读辛弃疾的词，探索他的心路历程和词作表达。

（3）背诵辛弃疾的系列诗词，增加我们的宋词储备量和诗词赏析能力。

（4）传承文化，培养爱国情怀，领会中华民族精神，传承中华优秀文化。

二 研究的问题与思路

1. 研究的问题

（1）宋朝历史的特点。

（2）辛弃疾生平故事。

（3）宋朝历史对辛弃疾词的影响及辛弃疾词的特点。

2. 研究思路

第一阶段，了解宋朝。开展文献搜索、书籍阅读：如《上下五千年》《岳飞传》，作家梁衡写的《把栏杆拍遍》等。

第二阶段，收集、了解辛弃疾的生平故事，学习辛弃疾的词，分类整理二十首左右。

第三阶段，小组讨论、研究宋代历史对辛弃疾人生轨迹的影响，以及对他的词作的影响。

第四阶段，学习总结，汇报会。用思维导图、PPT等形式分类整理，形成研究报告，并在班级、校内交流汇报。

三 研究过程

1. 第一阶段：组建研究小组

研究组由两位教师负责指导，成员为向班级招募的对辛弃疾及词感兴趣的学生，民主选举组长，并做好分工（组长、信息员、记录员等），各司其职，职责到位又互相合作。

研究组在专家、教师的指导下，组长带领组员制定详细的研究计划，做好分工。

为使研究组活动顺利有效开展,研究组配备了丰富的相关知识书籍,如《大宋有温度》《辛弃疾传》《辛弃疾词集》《把栏杆拍遍》等。

2. 第二阶段:了解宋朝,开展文献搜索、阅读学习

(1) 阅读里寻访宋朝历史

在研究小组成立后,成员们通过指导老师推荐及查资料的方式,开始分头开展有关"宋朝历史"的主题阅读——《上下五千年》《岳飞传》,作家梁衡写的《把栏杆拍遍》、百度、知网等。

主题下的阅读还真是过瘾,以前学过的一些零碎的知识也都串联了起来,整个宋朝的历史在研究小组成员们的脑海中就这么像放电影似的一帧一帧刷了好几遍。

在对整个宋朝历史有了整体了解的基础上,研究小组把阅读重点放在辛弃疾生活的南宋历史。

(2) 讲座中探索宋朝历史

特级教师、广东省名教师工作室主持人何莹娟老师是研究小组的指导老师。研究小组特邀请何老师开展了《风雨飘摇的宋朝》讲座,在何老师的生动讲述中,宋朝的历史越发清晰起来。

(3) 笔记间深研宋朝历史

"不动笔墨不读书""好记性当不得烂笔头",这些都是指导老师对我们研究小组每一位成员的要求,"好的习惯是成功的一半",研究的目的不仅仅是研究这一个课题,更重要的是通过这次课题,学生养成各种探究的好习惯,比如好奇、探索、合作等,包括做笔记。

学生把从大量的阅读以及老师的讲座中汲取的知识进行加工形成各自具有个性化的笔记,这些笔记,不再仅仅是知识的重现,而是有条理有逻辑地厘清,这对于学生后期对知识的理解运用奠定了丰厚的基础。

3. 第三阶段:了解辛弃疾的生平故事和词作

(1) 走近辛弃疾

在了解了宋朝历史的基础上,研究小组开始了新的任务——走近辛弃疾。在组长的组织下,研究小组进行了新的分工,伙伴们开始分头去书籍里、网络上查找、搜索与阅读辛弃疾的生平及故事,形成辛弃疾初印象。

第四章　从任务逻辑到行动逻辑

接着,研究小组开展小组学习,大家先各自汇报自己的学习内容,然后再在老师的观察与指导下,开展小组讨论,大家各抒己见,取长补短,扩充知识,通过这些方式加深对辛弃疾的了解。

研究小组总结,辛弃疾的一生,从1140年到1207年,68年的生涯可以分为四个阶段。

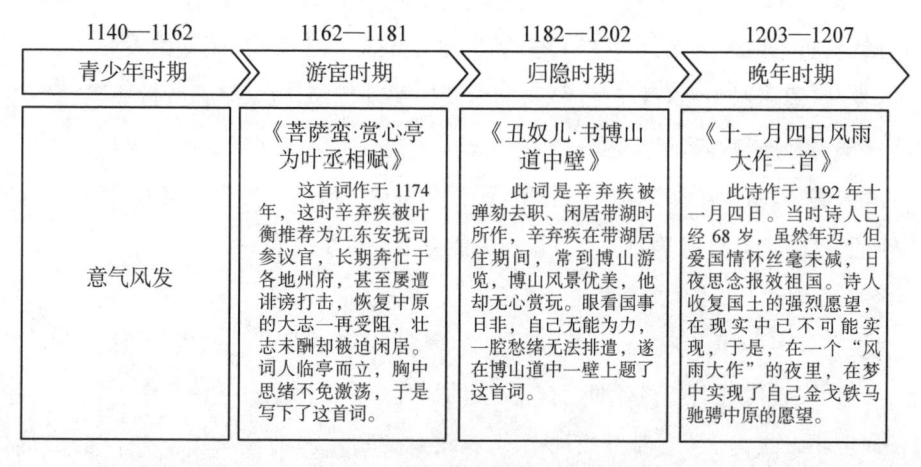

1140—1162	1162—1181	1182—1202	1203—1207
青少年时期	游宦时期	归隐时期	晚年时期
意气风发	《菩萨蛮·赏心亭为叶丞相赋》 这首词作于1174年,这时辛弃疾被叶衡推荐为江东安抚司参议官,长期奔忙于各地州府,甚至屡遭诽谤打击,恢复中原的大志一再受阻,壮志未酬却被迫闲居。词人临亭而立,胸中思绪不免激荡,于是写下了这首词。	《丑奴儿·书博山道中壁》 此词是辛弃疾被弹劾去职、闲居带湖时所作,辛弃疾在带湖居住期间,常到博山游览,博山风景优美,他却无心赏玩。眼看国事日非,自己无能为力,一腔愁绪无法排遣,遂在博山道中一壁上题了这首词。	《十一月四日风雨大作二首》 此诗作于1192年十一月四日。当时诗人已经68岁,虽然年迈,但爱国情怀丝毫未减,日夜思念报效祖国。诗人收复国土的强烈愿望,在现实中已不可能实现,于是,在一个"风雨大作"的夜里,在梦中实现了自己金戈铁马驰骋中原的愿望。

图 4-1　辛弃疾生平的四个阶段

1) 青少年时期:止于23岁南渡以前,这是他一生最为意气风发的时期。1161年,金主完颜亮大举南侵,22岁的辛弃疾聚众二千人竖起抗金旗帜。未几,率部归耿京起义军,并力劝耿京归宋,以图大业。1162年,辛弃疾奉命南渡,联系起义军劝谈归宋问题。不料叛徒张安国杀了耿京,率部投金。辛弃疾在返回途中得知此消息,率领五十余名骑兵,奇袭金营,生擒叛徒张安国。此举南宋洪迈称"壮声英概,懦士为之兴起,圣天子一见三叹息"(《稼轩记》)。从此辛弃疾投奔南宋,官为江阴签判。

2) 青壮年时期:1162年至1181年,辛弃疾从23岁到42岁,是一生中的游宦时期。这一时期的辛弃疾,雄心勃勃,壮志凌云。他先后上了一系列奏疏,力陈抗金抚国方略。但他的意见并未被当权者采纳。在此期间,他由签判到知州,由提点刑狱到安抚使,虽然宦迹无常,但政绩卓著。他出任滁州知州仅半年,当地"荒陋之气"一洗而空。他被派往湖南平盗,创置"飞虎军",《宋史》辛弃疾传中记载"军成,雄镇一方,为江上诸军之冠。"他不失为一个有清醒政治头脑且忧国忧民的好官。

3) 中晚年时期:1182年至1202年,辛弃疾从43岁到63岁。这期间除了53岁至55岁一度出任闽中外,曾两次遭弹劾,有18年都在江西家中度过,是他一生被迫归隐的时期。在长期隐居生活中,他寄情田园,留恋山水,追慕陶渊明,写了大量田园词、山水词,有浓郁的乡土气息。他的爱国激情在某些唱和赠答词中,也有强烈表达。

4) 晚年时期:1203年至1207年,是辛弃疾64岁到68岁的四年间。辛弃疾在64岁高龄时,仍不以久闲为念,不以家事为怀,奉令出任。但事未成就又遭罢免。辛弃疾自66岁秋,罢居铅山后,虽屡见封召,乃至授以兵部侍郎、枢密院都城旨要职,但总以年老多病,力辞未就,卒年68岁。

喜人的是,在学习和研究的过程中,研究小组成员们的信息获取能力、资源整合能力、小组合作能力、自主学习能力以及探究能力也在逐步提升。

(2) 走近辛弃疾的词

《说文解字》:"词,意内而言外也。"本义为将内心所想的外化表达。经过长期不断的发展,词在宋代进入全盛时期,而辛弃疾的词更是被誉为豪放派代表作。

研究小组收集了大量辛弃疾词来读,又重点摘取了20首经典代表作,一起去请教美术老师如何设计、请教信息技术老师如何排版。小组成员们通过努力设计制作了两本宋词小手册,虽然稚嫩不完美,但给了他们很多的成就感。小组成员们在课堂上和老师同学们一起读,在小组里和小组成员读,回到家和爸爸妈妈一起读,"书读百遍,其义自见",加上前期小组成员们对宋朝历史的理解和辛弃疾生平的掌握,读着读着,辛弃疾词背后的故事与情愫都慢慢浮现出来,词里的那些意象竟也都生动立体起来。

1) 贯穿辛弃疾的全部词作的基本思想和主线,就是恢复中原的坚定信念和强烈的爱国主义思想。像《水调歌头》"要挽银河仙浪,西北洗胡沙",《满江红》"马革裹尸当自誓,蛾眉伐性休重说",《贺新郎》"男儿到死心如铁。看试手,补天裂"等,无不豪情飞扬,气冲斗牛,震撼着我们的心灵。

2) 辛弃疾为抗金复国的崇高理想奋斗一生和壮志未酬的现实,带来的内心激愤和痛楚成为辛词的又一特点。如《水龙吟》"元龙老矣,不妨高卧,冰壶凉簟。千古兴亡,百年悲笑,一时登览",《贺新郎》"甚矣吾衰矣。怅平生、交游零落,只今余几。白发空垂三千丈,一笑人间万事",《浪淘沙》"身世酒杯中,万事皆空。古来三五个英雄,雨打风吹何处是",汉殿秦宫》,《破阵子·为陈同甫赋壮词以寄》"了却君王天下事,赢得生前身后名,可怜白发生",使人感受到他心中"补天裂"的期望破灭成为绝望时无法磨灭的痛苦。

3) 辛词所描绘的自然景物,多有一种奔腾耸峙、不可一世的气派。如《水龙吟》"峡束苍江对起,过危楼、欲飞还敛",《满江红》"谁信天峰飞堕地,傍湖千丈开青壁"。

4) 他所采撷的历史人物,也多属于奇伟英豪、宕放不羁,或慷慨悲凉的类型,如《八声甘州》"射虎山横一骑,裂石响惊弦"的李广,《永遇乐》"金戈铁马,气吞万里如虎"的刘裕,《南乡子》"年少万兜鍪,坐断东南战未休"的孙权等。这种自然和历史素材的选用,都与词中的感情力量成为恰好的配合,令人为之感奋。所以,同属于豪放雄阔的风格,苏轼词较偏于潇洒疏朗、旷达超迈,而辛词则给人以慷慨悲歌、激情飞扬之感。

4. 第四阶段:小组讨论,研究宋代历史对辛弃疾人生轨迹及其词作的影响

如果说前面几个阶段是分主题研究,那么现阶段,就是对前面掌握的知识进行一个融合统联的过程。环境造就人,宋代历史风雨飘摇,一路坎坷,这样的大环境,对辛弃疾人生轨迹有哪些影响?对辛弃疾这一生最大的成就——词作,又有哪些影响呢?这就聚焦到了本次课题研究的最中心也最重要的环节。

"有疑则有进,小疑则小进,大疑则大进",正是这一个个疑问在不断地推动着研究小组的同学们不断深入,不断探索,追根求源。

(1) 宋朝历史对辛弃疾词题材与情感的影响

将南宋历史的发展与辛弃疾的一生以及词作联系起来发现,辛弃疾词的题材与情感主要集中在以下四个方面(见图4-2)。而这四个方面又与南宋历史有着密切关联。

一方面,辛弃疾出生时北方就已沦陷于金人之手,目睹汉人在金人统治下所受的屈辱与痛苦,促使他在青少年时代就立下了恢复中原、报国雪耻的志向。另一方面,辛弃疾是在金人统治下的北方长大的,身上有一种燕赵奇士的侠义之气。

辛弃疾二十一岁参加抗金义军,不久归南宋。绍兴三十一年(1161年),他率两千民众参加北方抗金义军,次年奉表归南宋。他一生坚决主张抗击金兵,收复失地,曾进奏《美芹十论》,分析敌我形势,提出强兵复国的具体规划;又上宰相《九议》,进一步阐发《美芹十论》的思想,但都未得到采纳和实施。

图 4-2　辛弃疾词的题材与情感

辛弃疾历任湖北、江西、湖南、福建、浙东安抚使等职。在各地上任他认真革除积弊，积极整军备战，又累遭投降派掣肘，甚至受到革职处分，曾在江西上饶一带长期闲居。光复故国的伟大志向得不到施展，一腔忠心奋发而为词，其独特的词作风格被称为"稼轩体"。

辛弃疾晚年被起用知绍兴府兼浙江安抚使、知镇江府。在镇江任上，他特别重视伐金的准备工作，但为权相韩侂胄所忌，落职，一生抱负未得伸展，1207 年 10 月 3 日，终因忧愤而卒。据说他临终时还大呼道："杀贼！杀贼！"

国将无国，一生壮志难酬，辛弃疾怒其不争，悲其不用，他把一腔热血都寄托在词中。词以言情，但辛词更多的是言志的色彩，在这样的历史环境中摸爬滚打的辛弃疾，所言之情也是报国壮志未酬之情，是铿锵刀剑之鸣。辛弃疾总是以炽热的感情与崇高的理想来拥抱人生，更多地表现出英雄的豪情与英雄的悲愤。因此，主观情感的浓烈、主观理念的执着，构成了辛词的一大特色。

但辛词题材又不仅仅限于这四个主要方面，他在词史上的一个重大贡献，还在于内容的扩大，题材的拓宽。他现存的六百多首词作，写政治，写哲理，写朋友之情、恋人之情，写田园风光、民俗人情，写日常生活、读书感受，可以说，凡当时能写入其他任何文学样式的东西，他都写入词中。

（2）宋朝历史对辛弃疾词写作风格的影响

辛弃疾的词是别具一格的，而每一首别具一格的词都有着鲜明的历史烙印。

1) 慢词长调的大量使用

南宋王朝刚建立几十年，政权总是处于风雨飘摇之中，金国不断地南侵，经常打到淮河、长江沿岸，直接威胁到南宋统治，而当权者只想苟且偏安一隅，而不用枪杆子来巩固政权，只是靠和谈送去贡品来保住地位，这无疑是饮鸩止渴。

而辛弃疾等人则主张积蓄力量，力主抗战收复旧山河。并且他有收复失地之才能，想当年"壮岁旌旗拥万夫，锦襜突骑渡江初。燕兵夜娖银胡觮箭朝飞金仆姑"是何等的英雄，当年他万马营中可单枪匹马取上将首级。"八百里分麾下炙，五十弦翻塞外声，沙场秋点兵。"那是何等壮观的战争场景，又是何等畅快之事。身当此中怎不热血沸腾跃跃欲试。现在虽远离了沙场，但依然时刻准备冲杀于疆场之上，了却君王天下事，于公可安邦定国，于私可留万世之名，但这一切都已是曾经了，现在只能留在了记忆之中了。他现在已是弃置不用数十年了，虽曾为官，但走马灯一样，调来调去的很难有所作为，因此有多少理想也是落了空。所以他只能感叹白发生，感叹青春不再，尽吐壮志难酬的无限感慨。

因此他有更多的不平之气，这样的强烈的情感绝不是小令所能表达清楚的，所以他的词中慢词较多。尤其是辛词以散文的手法入词，似乎更可以淋漓尽致地表现他满腔的报国之情。

2) 大量典故的使用

辛弃疾词中大量用典，所以读他的词时往往不明白典故就不知道他说的是什么，因此读起来总有一种隔膜的感觉。

为什么要这样做呢？因为他的政治主张是坚持抗战，收复失地，但这理想与当权者相背离。因此这就注定了他的理想是无法实现。这样他自然想到建立了丰功伟绩的历史人物，从那找到了理想的共鸣点。如"生子当如孙仲谋""天下英雄谁敌手，曹刘""千古江山，英雄无觅孙仲谋处""吴楚地，东西坼，英雄事，曹刘敌"等。

5. 第五阶段：学习总结，用思维导图、PPT等形式分类整理，形成研究报告，并在班级、校内交流汇报

至此，研究小组的研究算是取得了阶段性的成功，为更好地内化成果，锻炼每个研究小组成员的能力，按照计划，在老师的指导下，研究小组开始进行总结三步走。

第一步：课题组活动统筹会。为了将研究小组的研究成果推广给更多的学生，为了成员们进一步加深对本课题内容的理解,也为了提升成员们的综合素养与能力,研究小组在最后的阶段组织了成果交流分享会。首先,研究小组召开了活动统筹会,明确了分享会要分享的具体内容及形式,然后组长带领小组成员们进行了细致的分工,从资料的整理到 PPT、展板等的准备再到讲解、资料归档等都做了详细的考虑。

第二步:成果交流分享会。有了周密的计划,行动的落实其实就没有想象的那么困难了,小组成员们按计划就位,开始有条不紊地开展分享活动。首先,研究小组在班级内开展分享;然后,开始用展板、宣传小册的形式在校园解说分享,同学们都特别捧场,看到大家热情高涨,成员们原有的紧张也都消散开去,慢慢地都沉浸在知识传递的快乐中。

第三步:课题组总结会。"明鉴既往,有利将来",指导老师告诉我们,总结是不可或缺的环节,对于研究过程中问题的发现、成功经验的积累,对于以后研究的推进都有着重要的作用。在老师的指导下,研究小组做了一次全面的总结,并得到几点重要的反思:

(1) 阅读是获得完整知识的最好方法之一;

(2) 计划周密是活动开展成功的关键;

(3) 合作探究是个人及团队能力提升的重要途径。

这是研究小组正儿八经自主开展的第一个小课题研究,有很多考虑不周全的地方,也有很多没有完成得很好的遗憾,但小组成员们还是很开心,认为这是一种团队合作的快乐,是一种切身体验的满足,是一种孵化出成果的激动。研究的意义就在于这样一个又一个不完美但丰盛的过程吧!

四 研究结论

南宋王朝政权风雨飘摇,金国不断地南侵,经常打到淮河、长江沿岸,直接威胁到南宋统治,而当权者只想苟且偏安一隅,而不用枪杆子来巩固政权,只是靠和谈送去贡品来保住地位。辛弃疾一生以恢复中原为志,以功业自诩,却命运多舛,备受排挤,壮志难酬,但他恢复中原的爱国信心始终没有动摇,而是把满腔激情和对国家兴亡、民族命运的关切、忧虑,全部寄予于词作之中,其词题材广阔,抒发力图国家统一的爱国热情,倾诉壮志难酬的悲愤,对当时执政者屈辱求和颇多谴责,也有不少吟咏祖国河山的作品。

五 研究的收获与体会

学生1:作为一名小学生,我们是利用课余时间完成课题研究的,在这个课题一系列的研究中虽然我们花费了许多的时间与精力,但是在完成研究的过程中学到了许多,收获了许多。我学会了合理地安排时间,进行主题阅读,有计划地进行资料的整理与归纳,学会了制作简单的关系图等。作为组长,我还学会了组织团队合作开展活动,协调沟通能力也是日日见长呢!我很期待下一步课题的研究。

学生2:在这个课题的研究中,我对宋朝的历史和辛弃疾的词有了更深入的了解,也开始对中国历史和其他诗人词人产生了兴趣。在分享的过程中,我作为主讲人之一,深深体会了用心研读后再将知识清晰地分享出去的成就感。

学生3:在完成研究报告的过程中,我遇到许多困难与疑惑,如研究报告的写法,如何收集数据与资料等,这些困难对我来说是很大的挑战,而我在通过查找资料、请教老师、同伴合作解决难题之后,感觉如蜕壳的蝉一般,脱胎换骨。

(创意设计者:何莹娟 苏红梅)

评价创意 Ⅰ 学生素养评价

适用年级：小学一、二年级

一 评价理念

纵横驰骋，张弛有度，纵教育作为东纵小学的教育哲学，是一种教育价值观，是一种教育方法论，也是一种评价理念。

1. 以人为本，让每个生命都从容美好

《说文解字》言"纵，缓也。"纵本义是松缓、放松的意思，衍义形容急遽的样子，张弛有度，与东纵小学"培根养正，静待花开"的办学理念相呼应，强调以人为本，突出学生主体，从旧有的教师中心转变为以学生为中心、以活动为中心、以实践为中心，尊重个体差异，关注学生情感，激发学生兴趣，培养学生习惯，发挥评价诊断、激励、指导等方面的作用，为每个学生的发展创造条件，使学生积极主动地学习和发展，让每个生命都从容美好。

2. 科学评价，以促进学生和教师的发展为重要原则

"纵教育"是贯穿于生命成长过程的教育，是有深度的教育，指向灵魂深度的教育，为生命发展奠基，因此，评价的内容包含全学科，不仅关注知识的掌握，更着眼学生思维的发展、品德的形成、能力的发展等，使学生逐步成长为有高度、有内涵、有情怀、有信仰的儿童。着眼于学生的发展，评价的主要依据也应是学生全面发展的状况，以此推动学生全面发展进步，推动教师注重学生的全面协调发展。一是在教学的各个环节和阶段渗透教学评价。通过全面科学地评价，学生在每一个成长发展阶段都能够准确地进行自我认识和了解，进而把握正确的学习和成长方向。二是引导学生科学地评价自我。学生在评价自我的过程中，可以逐渐培养自己的主体意识，提升自身的能力，并随时对自己的行为进行有效监督，从而不断完善自我。三是推进多元化的教育评价。把形成性评价与结果性评价、单项评价与整体评价、互评与自评有机结合起来，从而保证评价结果更加全面客观。

3. 注重过程,记录"纵宝"成长足迹。

评价既要体现共性,更要关注学生的个性,既要重视结果,更要重视过程。评价要关注学生在学习过程中的表现,包括他们的使命感、责任感、自信心、情感等多方面的自我认识和自我发展。为突出评价的过程性并关注个体差异,运用学生个人成长档案进行评价是必要的,东纵小学编制个性化学生评价手册及《"东纵之星"纵宝成长时光盒》,通过收集表现学生发展变化的资料,反映学生成长的轨迹。东纵小学注重对学生发展过程的评价,在学生发展的过程中不断给予评价和反馈,有效改变评价过分偏向结果的现象,有助于实现评价的个体化,是实现评价发展性功能的重要途径。

东纵小学认真贯彻落实关于"双减"工作精神要求,将一、二年级的评价由原来的纸笔测试改为趣味闯关。结合东纵小学"培根养正 静待花开"的办学理念进行创新,以培养学生学习习惯和综合素养为出发点设计评价项目及内容,本着公开、公平、公正的原则实施评价过程、科学合理运用评价结果。

二 评价对象及内容

评价对象:东纵小学一、二年级全体学生。

评价内容:综合素质方面评价学生德、智、体、美、劳五个方面的发展;学科素养方面评价学生语文、数学、英语、体育、道德与法治、科学、音乐、美术等学科素养。

三 评价目标

以《义务教育质量评价指南》及《深化新时代教育评价改革总体方案》为指南,东纵小学设计出让一、二年级学生可以参与活动,实践探究和应用所学的期末评价活动,促进学生全面发展、健康成长,让学生在活动中充分体验学习的乐趣,促使学习能力获得进一步发展,品德素养得到进一步提升,丰富学生实践能力,增加学生的兴趣,增强学生学习动力。

四 评价管理与实施

1. 活动内容

（1）东纵好少年形成性评价

为扎实落实立德树人根本任务，高质量推进"五育并举"，同时尊重学生个性，东纵小学结合自身的办学特色，"五育"并举，构建了"东纵好少年"学生形成性评价体系，对应德智体美劳五育，设置五类单项奖——尚德之星、乐学之星、健体之星、尚美之星、劳动之星，一个综合奖——东纵好少年，一个最高奖——东纵杯，以整体评价引领学生全面发展，努力把学生培养成具有东纵精神、民族情怀、创新能力和国际视野的阳光少年。

（2）纵横素养多元性评价

东纵小学积极改革教学评价方式，真正让"双减"政策落地，强化综合素养的评价，重视过程性评价。探索增值评价是学校的评价抓手，为进一步落实"双减"政策，做到"减负不减质"，改变传统评价过分关注书面检测（考试）成绩的评价方式，体现评价内容、评价主体多元性、评价方式、评价标准多样性，东纵小学秉持五育融合、全面发展的理念，从学业评价目标、评价内容、评价方式、评价主体等多个维度，持续推进学业评价改革，每学期末组织开展主题纵横素养展示节，让孩子们在轻松愉悦的氛围中巩固所学知识、锻炼思维与实践能力，至今已开展"太空环游记""广九线争夺战""寻宝东纵""粽情端午""寻年味儿"等素养展示评价活动，"小纵子"们在一次次学与乐的活动盛宴中大展身手，全方面展示自己的多元素养。东纵小学开展"纵语""纵思""纵体"等纵横素养展示节，实现学生全面而有个性地发展，让每一个孩子具有健全人格、良好素质和终身学习能力，满足每一个学生个性化学习的需求。

2. 活动结果评比

尚德之星：获得20个"尚德章"的学生，可评为"尚德之星"，国旗下颁发"尚德之星"胸花及奖状，并在大屏幕展出。

乐学之星：获得20个"乐学章"的学生，可评为"乐学之星"，国旗下颁发"乐学之星"胸花及奖状，并在大屏幕展出。

健体之星:获得20个"健体章"的学生,可评为"健体之星",国旗下颁发"健体之星"胸花及奖状,并在大屏幕展出。

尚美之星:获得20个"尚美章"的学生,可评为"尚美之星",国旗下颁发"尚美之星"胸花及奖状,并在大屏幕展出。

劳动之星:获得20个"劳动章"的学生,可评为"劳动之星",国旗下颁发"劳动之星"胸花及奖状,并在大屏幕展出。

东纵好少年:获得五个单项荣誉称号的学生,可评为"东纵好少年",由学校颁发"东纵好少年"奖状及金属奖章,并在大屏幕及学校宣传栏展出。

校长杯:获得5次"东纵好少年"荣誉称号,或在某方面有特别突出成绩的学生,由班主任推荐、德育处审定,可获得"校长杯",请家长观礼。

五 评价亮点

1. 多元评价方式,使评价更趋于科学。在东纵小学的评价方案中,包含"东纵好少年"形成性评价与纵横素养多元性评价两种评价类型,使得评价贯穿于学生的学习生活始终,持续、全面施力。最后统筹整合两种评价,形成综合性评价(学生评价手册),评价更趋于科学。

2. 多种评价形式,使评价更趋于全面。东纵小学的评价方案评价的主体不仅局限于老师,还包括了家长、同伴以及学生自身。教师的评价范围主要是学生的在校表现,家长的评价范围主要是学生的离校表现,学生自评则展现其对自身的审视。多种评价形式从评价范围上覆盖了学生学习生活的所有面,从评价主体上包含了主观评价和客观评价,这样的评价得到的结果能更趋于全面。

3. 评价体系全面,促进学生全面发展。东纵小学的评价方案严格按照《义务教育质量评价指南》制定,评价内容包括德、智、体、美、劳及所学学科的学科素养,覆盖全面,促进学生形成正确价值观、必备品格和关键能力,实现全面发展。

4. 趣味评价方式,驱动学生全面发展。评价不仅仅是为了评价,而是为了促进学生的发展。东纵小学的评价方式多样有趣,包括集章、闯关等,这些都是最吸引学生的方式。趣味性、游戏化的评价方式,让学生参加评价的兴趣浓厚,也驱动学生的全面发展。

5. 富有学校特色，渗透传统文化与历史文化教育。东纵小学的评价活动"寻年味儿"以春节年俗为背景，设置走街串巷寻年味、掸尘布新添年味、民俗荟萃品年味、龙腾虎跃戏年味、载歌载舞乐年味、张灯结彩闹年味等六个妙趣横生的闯关项目。"小纵子"们提前"采购"年货、唱起春节民谣，在学与乐的闯关盛宴中巩固所学知识、锻炼思维与实践能力，对学科知识及传统文化都有更深入的理解。"广九争夺战"结合东纵文化历史事件背景开展，契合学校文化，富有学校特色；同时通过活动让学生了解东江纵队广九线争夺战历史事件，在活动中渗透历史文化教育和爱国主义教育。

(创意设计者：杨成燕　苏红梅　撰稿：郭惠怡)

第五章
从设计逻辑到成果逻辑

人的知识不外乎直接经验和间接经验两部分,设计逻辑认为学生的学习主要来源于间接经验,成果逻辑则更加注重具身学习,获得直接经验。从设计逻辑到成果逻辑,是以终为始,进行逆向设计,把需要解决的问题、产出的成果置身于真实情境中,提炼真实性任务。将学生放在"人"的成长的角度上,引导学生在解决问题过程中积极参与实践,发展分析、综合、评价和创造等高阶思维。其重点不在学习后产出的成果,而是在完成成果时所开展的实践性学习过程:强调学生核心素养的发展,强调在真实情境中运用学科知识解决真实问题,实现教育教学从知识本位到素养导向的转变,增长"做事""做人"素养。

设计是教学的准备。在进入课堂教学之前,教师根据教学内容确定教学目标,选择教学方法,设计教学活动,引导学生完成对内容的学习。在这一设计流程中,内容是教师开展教学活动的出发点,学生获得什么知识、提升何种能力取决于该课教材呈现了什么内容。因此,设计逻辑认为学生的学习主要来源于对间接经验的了解,设计逻辑的原点是学生如何通过各种各样的学习活动和方法深化对内容的理解。

但在这样的设计逻辑下,教学容易走向两种误区。第一种误区是灌输式学习,教师根据教材内容提炼课堂讲稿,逐章逐页讲授,尽最大努力在规定时间内完成更多学习资料的讲述。在这样的学习过程中,学生是被动的知识接收者,而不是主动的参与者。我们不能否认这种方式对学生全盘了解知识,理解知识的逻辑性和连贯性有一定的意义和价值,但这种填鸭式教育过分注重知识传授,不利于学生学习兴趣的培养以及思维力、创造力的发展。第二种误区是以教师为中心的活动式学习,无论是课堂上布置的学习任务,还是课后的实践作业都层出不穷,各种各样的学习活动纵然有趣,但活动是教师设计的,学生只是活动的参与者,没有活动前的思考,也没有活动后的反思和优化,因此,在这样的设计逻辑下的学生学习活动容易出现学生只动手不动脑的情况,无目的地参与活动。灌输式学习在中学和大学更为普遍,学生只是安静地听讲和记笔记,教师中心的活动式学习在小学更为常见,课堂表现尤为热闹,两者呈现的学习状态虽有不同,但反映的结果却是一样的:学生主动性没有被发挥出来,他们不明白学习知识的意义和价值是什么。

那么,教学的目的是什么?教师在学习过程中的角色是什么?二十一世纪以来,我国课程标准三次修订,从基础知识、基本能力到三维目标,再到核心素养,对培养怎么样的人这一问题的答案不断明确,对教师的角色定位也不断更新。毫无疑问,学生是学习的主体,教师是学习活动的组织者和引导者。《追求理解的教学设计》一书中也明确指出:教师是培养学生用表现展示理解的能力的指导者,而不是将自己的理解告知学生的陈述者。[1] 这就要求教师在开展教学活动时要"翻转"思路,从设计逻辑走向成果逻辑。

---

[1] (美)格兰特·威金斯,杰伊·麦克泰格.追求理解的教学设计[M].闫寒冰,宋雪道,赖平,译.上海:华东师范大学出版社,2017:18.

所谓成果逻辑,就是以终为始,将学生放在"人"的成长的角度上,进行逆向设计:前置思考学生在本课的学习后应该达到怎样的学习效果、获得怎样的能力提升,这些学习效果和能力提升能通过怎样的成果表现出来,并通过这些表现性成果测量和评价学习是否达标。需要强调的是,成果是衡量目的达成的方式之一,但成果逻辑的重点不在学习后产出的成果,而是在完成成果时所开展的实践性学习过程。何文平指出:"实践性学习是一种强调在实际环境中,学习者充分发挥主体性和积极性,通过扮演实际角色和融入事物关系中进行知识经验学习的学习方式。"[1]相关研究也表明,具身体验能够促进学生发生深度学习。[2] 与设计逻辑不同,成果逻辑认为学习主要来源于学生的直接经验,运用已有的知识和经验(包括对间接经验的学习)解决真实的问题。这也是2022年教育部出台的新课程标准所极力倡导的。新课程标准强调学生核心素养的发展,强调在真实情境中运用学科知识解决真实问题,实现教育教学从知识本位到素养导向的转变,注重学生直接经验的获取和感受,增长"做事""做人"素养。

　　在教学中,如何从设计逻辑转化为成果逻辑呢?教师要转变观念,明确实践性学习活动实施流程的重点在于提升学生在真实情境中解决问题的能力,促进知识学习向素养提升转化,将学科思维方法与实践育人价值紧密融合,引导学生在解决问题过程中积极参与实践,发展分析、综合、评价和创造等高阶思维。[3] 因此,应用成果逻辑进行教学实践,要把需要解决的问题、产出的成果置身于真实情境中,提炼真实性任务。首先,教师更新观念,树立逆向设计的思维意识,是成果逻辑指导下的教学起点。其次,教师要分析教材和学情,从学生实际出发,结合教学内容提炼本课教学中应着力培养的关键能力和核心素养,明确教学目标,进而设计与学生相连的真实情境,并思考这一教学目标在此情境下的预期成果,将目标变成可感可视的具体成果。预期成果的设计要从真实情境出发,使得产出的成果有现实价值。这里与学生相连的真实情境,可能是自然环境,也可能是社会环境、生活环境,更可以是课堂、教室里创设的拟真情境,

---

[1] 何文平.实践性学习的研究[D].成都:四川师范大学,2015.
[2] Hinchion C. Embodied and aesthetic education approaches in the English classroom [J]. English in Education, 2016,50(2):182-198.
[3] 堵琳琳.通逻辑重结构:初中学科实践性学习活动的十年探索[J].中国基础教育.2023(4):48—52.

重要的不是实践情境本身，而是学习者在情境中的融入、亲身体验、实践、感受及探索，在知识与实践相互作用过程中不断完善认知结构，培养与发展解决问题的能力[1]。再次，为了确保预期成果能真实地反映教学目标，教师需要确定合适的评估依据，即设计评价标准：我们如何知道学生是否已经完成了学习目标，产出的成果如何反映学生的理解和掌握程度等。在成果逻辑下的教学设计要求我们要根据收集的成果证据来思考教学内容的落实情况，根据学生的实际成果和过程中的知情意行评估学习情况，因此要针对项目进行具体的评价标准的设计。需要指出的是，评价标准的设计不仅要关注成果本身，更要关注学生在完成成果的学习实践中所表现出来的非智力因素，如学习动机、情感、态度、意志、兴趣等。教师在头脑中有了明确的成果设计和评估学习效果的合适标准后，就该全面考虑合适的教学活动了，最后一步，设计学习体验活动。在这一阶段，我们必须思考以下几个关键问题，如果学生要有效地开展学习并获得预期成果，他们需要哪些知识和技能，哪些活动可以使学生获得必需的知识和技能？根据表现性目标，我们需要教哪些内容，指导学生做什么？我们该设计怎样的学习实践活动，如何用最恰当的方式开展教学，哪些材料和资源是最合适的？也就是说，教师要在主干任务的驱动下细化流程步骤，将大问题分解为一个个循序渐进的小问题，在成果导向下帮助学生一步步达成目标，为学生完成成果搭架子、设梯子，提供从设计到成果的实现路径。

（撰稿者：黄奕敏）

---

[1] 何克抗.深度学习：网络时代学习方式的变革[J].教育研究.2018,39(5):111—115.

课程展台 Ⅰ 今天我请大家吃饭

适用年级：小学三年级

本课程从"辨五谷、知百草"出发，让学生了解科学营养搭配知识、观察蔬菜培育生长的过程，到制作居民平衡膳食金字塔模型、自主规划设计、实施并反思改进餐盒、初步体验烹饪实践，最后以用餐礼仪小剧场、科普手抄报等形式进行推广。课程在教学实施过程中注重学科融合、情境创设和小组合作，引导学生探究融合和运用语文、英语、科学、美术等学科知识的路径与方法，在此过程中感受和体验跨学科知识应用的价值。

一 课程背景

深圳市坪山区东纵小学是2021年9月开办的学校，有96%的学生都在学校午餐午休。午餐午休成为该校的重要课程资源，探索吃得如何、怎么吃才更科学具有其实际意义和价值，有助于引导学生关注生活、反思生活、探索生活。

正所谓民以食为天，对低年段的学生来说，食物充满吸引力，但一日三餐如何搭配，为什么要吃蔬菜和肉类，蔬菜是怎样进入餐桌的，在吃饭时应该注意些什么？这些问题很多学生在生活中都曾思考或接触过。但这些吃什么、如何吃的具体化知识，往往因为受课堂容量等影响难以在国家课程中得到体现和落实，因此，这些知识更多来源于课外信息的补充，并非所有的学生都能了解到。在本课程实施过程中，学生不仅能在课堂上学到各种营养搭配知识，更关键的是能以课堂为出发点，搜寻更丰富的与饮食相关的各类信息，通过具身体验蔬菜的种植过程，学生更能深刻领悟人与自然的关系，切身体会珍爱生命的意义。

跨学科课程由于具有"以解决现实问题为目的"的特点，在学习过程中自然触发所涉及知识的综合运用，可以打破分科界限，整合各个学科中有用的知识和方法，帮助学生认识知识的价值。学生不仅需要自己了解科学膳食、文明用餐的知识，还要把这些知识介绍给别人，为了将相关知识以趣味性、通俗化、生动形象的方式进行传播，学生需要学习如何制作居民平衡膳食金字塔模型以及通过表演用餐礼仪小剧场进行展示。这个过程将综合运用到多个学科所学的知识与技能。

二 课程目标

结合东纵小学"纵教育"课程体系，梳理本课程目标如下。

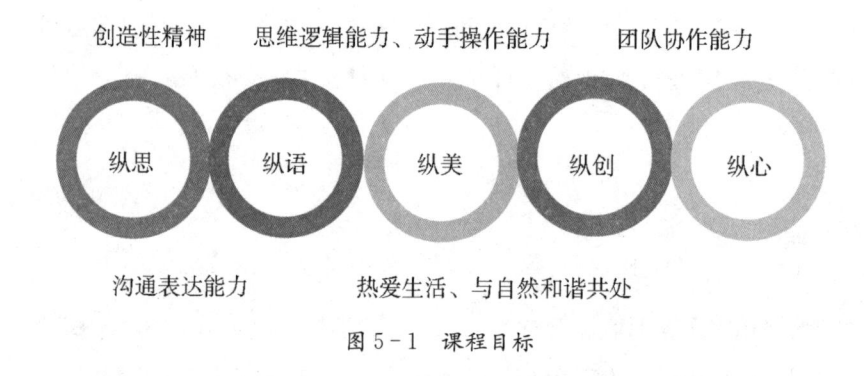

图 5-1 课程目标

纵思：学习调查的基本方法，学会收集和分析数据，提高数学素养。

纵语：在读写中识字认字，思考表达，提高中英文双语的听说读写素养。

纵美：通过绘画、手工等多种成果制作提高美术素养，在生活中发现美，在实践中创造美。

纵创：拓宽知识来源渠道，热爱阅读，能运用网络进行初步的信息收集；在劳动和观察中学会留心生活，养成乐于观察、善于发现的习惯，热爱科学探究，乐于发明创造，热爱生活。

纵心：在项目过程中明确文明用餐要求，形成正确的劳动意识，养成良好的劳动习惯，掌握科学的劳动方法，弘扬"珍惜劳动成果"等正确的劳动观念。

综合：在调查实践、小组分享等活动中增强团队合作能力、思维逻辑能力、沟通表达能力、动手操作能力。

三 课程内容与实施

表 5-1 课程安排总表

单元	主题	学习内容	实施要求
第一单元 食物与健康	调查小能手（一）	1. 明确课程内容 2. 了解课程意义 3. 了解常见的调查方法	交流讨论，说说对午餐和营养健康的认识，学生提出对本课程的期待，教师进行解答。学生初步学会设计问卷并收集数据，了解目前午餐供应的学生满意度和学生理想的供餐情况
	调查小能手（二）	掌握基本的访谈调查法	教师引导学生学会整理数据，分析数据，提炼理想中的午餐搭配思路
	营养金字塔	认识居民膳食金字塔；制作膳食金字塔模型	教师简单介绍居民饮食金字塔的相关知识，同时演示如何利用网络来搜索和筛选信息
第二单元 种植与食谱设计	蔬果趣种植（一）	1. 学会种植蔬菜的基本步骤与方法，学会连续地观察和记录 2. 播种	了解植物生长的必备条件。在课堂中，学生根据图片等资源辨认各种蔬菜，"辨五谷、知百草"，提高生活自理能力
	蔬果趣种植（二）	1. 移栽 2. 学会浇水、施肥和除虫等照顾植物生长的技能	由于学生个体时间有限，通过小组的形式开展种植活动。2—3 个学生组建成一个活动小组，小组同学利用早上到校、中午休息和课后延时时间对小组合作种植的番茄进行观察探究及管理，如记录、松土、除草、施肥、防治病虫害等，学生可以根据老师提供的方法完成小组的种植活动记录
	蔬果趣种植（三）	收获果实，并学习不同种类蔬果的特点和营养价值	在瓜果成熟的时候，学生与同伴一起采摘黄瓜和番茄，感受丰收的喜悦。同时学生以植株本身来了解植物的六大结构，并介绍蔬果和其他食物的营养价值
	食谱巧设计（一）	绘制手抄报：结合本主题所学的内容，以手抄报的形式	学生创作一份图文并茂的手册，向低年级同学宣传良好营养对健康生活的重要性，为打破低年级同学的不良饮食习惯出谋划策

(续表)

单元	主题	学习内容	实施要求
		将食谱生动形象地呈现出来	
	食谱巧设计(二)	制作营养食谱:学生设计学校一天的营养食谱,特别突出午餐部分,并注明营养元素与搭配的理由	教师引导学生多关注食物的种类及其搭配,以及每种食物侧重的营养素成分
	食谱巧设计(三)	菜肴制作:学生需要自己动手完成一道和蔬果相关的菜肴	蔬果在菜肴的呈现方式是多种多样的。这一个任务旨在让学生了解蔬果的多种烹饪方式,拓展思维,开阔眼界,更关注现实生活
	餐盒妙制作	了解不同材料的特性,结合膳食营养搭配,设计不同材质、不同类型的餐盒	学生根据膳食营养知识,设计餐盒的格子的大小,用于盛不同类别的食材,使其符合小学生所需营养结构
第三单元 作品分享与交流	用餐有礼仪	明确文明用餐要求,巩固餐后整理的劳动习惯	帮助学生了解用餐之前的准备过程,学习餐前准备的步骤和方法。教师在课堂上介绍基本的餐桌礼仪,帮助学生养成良好的卫生习惯和用餐习惯
	成果齐展示(一)	汇报和展示科普蔬果知识的海报	汇报同学融合语文学习中所获得的语言组织、表达能力,其他同学用评价表,从画面的美感、调用科学知识来判断饮食搭配是否科学营养等方面对学生。作品进行打分点评
	成果齐展示(二)	汇报和展示午餐食谱并分析其营养价值	在教室学习后,学生到百草园采集艾草,动手制作
	成果齐展示(三)	1. 汇报和展示自己的心得、成果 2. 生生互评、教师点评	在教室进行,学生分组展示,进行互评,教师最后做总评价

四 课程评价

本课程将过程性评价与终结性评价相结合,多主体、多维度、多种方法相结合,对学生的学习过程和成果展开评价。在评价主体上,充分发挥学生的主观能动性和教师的引导、促进作用,进行学生自评、同伴互评、教师点评等多个角度的评价;在评价维度上,既关注最终学习成果的呈现,又关注学习实践的过程;在评价方法上,积极开发和运用量表评价、档案袋记录、成果报告、作品汇报和展览等多种工具,使评价有章可循、有法可依,如下列量表的开发。

1. 学生(小组)自评表

自我评价有助于学生认识活动目标以及自我调控进程,增强学习的信心和责任感。学生自评表采用纸质表单形式,方便学生随时记录,同时形成项目组的个性项目学习轨迹。师生可以为每节课、每个分解任务制定简单的可即时反馈的量规评价。学生在下课前进行纸质填写,教师课后进行归类、整理纸质稿和电子化归档。表5-2为学生自评表示例,更多自评表将在课程的开展中完成设计和使用。

表5-2 "文明用餐手抄报设计与制作"学生(小组)自评表

我们的主题是_____。			
评价项目	★	★★	★★★
创新性	□模仿	□改进	□原创
色彩是否和谐	□是		□否
使用工具和材料	□1种	□2种	□2种以上
团队合作	□某个成员独立完成作品	□个别成员没有参与	□所有成员合作完成

2. 组间评价量表

在小组合作中,应用组内评价量规,对组内成员的参与度、贡献值进行评价。如表5-3所示。

表5-3 组内评价量表

表　　述	分数（满分5分）			
	我	××	××	×××
总体来讲，我觉得我（他/她）今天的表现棒极了！				
在今天的小组活动中，我（他/她）提供了很多有用的信息。				
我和小伙伴们的合作很愉快。				
我（他/她）很积极地和小组成员一起讨论问题。				
我（他/她）很积极地参与了制作过程。				

3. 组间展示投票

在方案设计、活动过程介绍、成果展现等环节，学生需要使出浑身解数通过夸赞自己的巧妙构思和精美制作来拉票，小组间相互投票提升人气。

4. 教师综合评价表

教师根据学生的实际情况运用发展性评价原则，给予学生评价，可以是正式评价，也可以是非正式评价，同时教师要尝试使用量规对学生进行评价。首先，明确学习目标，将学习目标转化为学生对应的学习结果；其次，将学习目标分级、细化，制定相应的评价量规。量规的制定既要有清晰的学习任务，又要分别从学生对各学科知识的掌握、实践过程中的问题解决能力、思维能力和创新精神等多方面进行评价。这样做的目的是：（1）让教师衡量学生离预设的目标还有多远，以便做出基于证据的教学决策；（2）让学生在整个学习过程中清楚自己学到什么程度，对自己的学习结果有清晰的理解。表5-4为课程中蔬果种植的评价量规。其他量表如小剧场展演、手抄报创作的教师评价标准表将会在课程开展期间根据实际情况制定。

表5-4 蔬果种植评价表

评价内容	评价量规 水平描述 水平1	评价量规 水平描述 水平2	评价量规 水平描述 水平3	评价工具 对话提问	评价工具 过程观察	评价工具 实践记录	评价工具 成果展示
能够说出植物生产需要的条件：水分、阳光、土壤、肥料等	能够流畅说出植物生产需要的条件：水分、阳光、土壤、肥料等	能够基本表达出植物生产需要的条件：水分、阳光、土壤、肥料等	无法表达出植物生产需要的条件：水分、阳光、土壤、肥料等	√			
积极参与到蔬果的培土、种植过程，认真细致地完成种植任务	积极参与，认真细致完成蔬果种植任务	能够按照操作流程基本完成蔬果种植任务	完成蔬果种植任务时比较马虎或敷衍		√		
能够根据老师的提示设计自己的种植观察记录表，定时观察探究及管理，并及时记录下观察到的植物生长信息	能够设计观察记录表，及时观察和管理蔬果植物，完成成长信息的记录	能够依据老师提供的指示完成观察、管理和记录工作	对种植工作不够有热情，观察和记录情况有待提升			√	
能够结合美术和语文学科，制作蔬果的自然观察笔记或植物生长图鉴	能够出色地完成植物的自然观察笔记或生长图鉴	基本完成植物的自然观察笔记或生长图鉴	随意对待，凭空想象完成植物的自然观察笔记或生长图鉴				√
能够说明植物在人类生活中的作用，说出蔬果我们的价值，领悟人与自然和谐共处的理念	能够准确流利说出植物在人类生活中的作用，表达热爱自然的理念	基本能够说出植物在人类生活中的作用	对植物在人类生活中的作用仍需加强理解	√			

5. 设计项目活动手册

教师团队设计项目活动手册，收集记录每个课程项目下的学生自评表、小组评价表、组间投票结果和教师综合评价表，对每个小组以及组内学生进行学分加分和记录，开展"劳动争章、实践争章"等活动，以雷达图的形式呈现综合评定结果。依据劳动学习项目的五大模块设计奖章——"服务章""创客章""耕读章""美术章""劳动章"，对学生德、智、体、美、劳进行评价，提升学生的整体素养，这将作为"校园跨学科学习小达人"评比的重要依据，团队将利用校内的架空层、美术室等作为展示学生项目学习的过程和成果的场所。

（课程提供者：赖小莹　黄丽　黄奕敏　江均现）

课例研究 Ⅰ 营养午餐

适用年级：小学三、四年级

一 课例背景

本课例是区跨学科立项课程项目"小学校园健康餐饮的体验式探究"中的一课时，整个项目以午餐为主题，设计贴近小学生日常生活的实践活动，围绕"什么是有营养的午餐？如何设计有营养的午餐？"等问题，让学生在综合运用生活经验与数学知识解决问题的过程中，亲历"午餐方案是否符合营养标准的判断、调整、设计、统计"等实践活动的全过程，旨在帮助学生体会数据表达的重要性，掌握科学搭配的方法，提升数学思考的能力。

二 教学目标

1. 理解午餐营养标准，运用所学知识和方法会判断、会搭配营养午餐。
2. 经历设计营养午餐方案的活动，发展读取信息的能力和设计方案的能力，培养解决问题的能力。
3. 增强应用意识，形成健康的生活理念，养成良好的饮食习惯。

三 设计思路

表 5-5 "营养午餐"设计思路

板块	内容
我会阅读	食物可以提供哪些营养成分？ 营养成分是否摄入越多越好？

(续表)

板块	内　　容
我会判断	套餐一:合格 套餐二:脂肪超标 套餐三:热量不足
我会调整	首次点菜:计算是否符合营养标准 再次点菜:如何调整?组内分享思路 班级投票:最受欢迎的午餐搭配方案

四 教学过程

任务一:调查反馈,情境导入

介绍上一周的校园午餐调查结果。

师:学校食堂最近在收集午餐改进建议,经过前一段时间的调查,我们发现一些同学提议多加一些荤菜;有一些同学觉得荤菜油腻,建议减少;有一些同学说自己不喜欢吃芹菜;有一些同学说汤不好喝……真是众口难调,餐饮公司既要考虑到同学们的食物口味喜好,又要兼顾同学们必需的营养摄入。

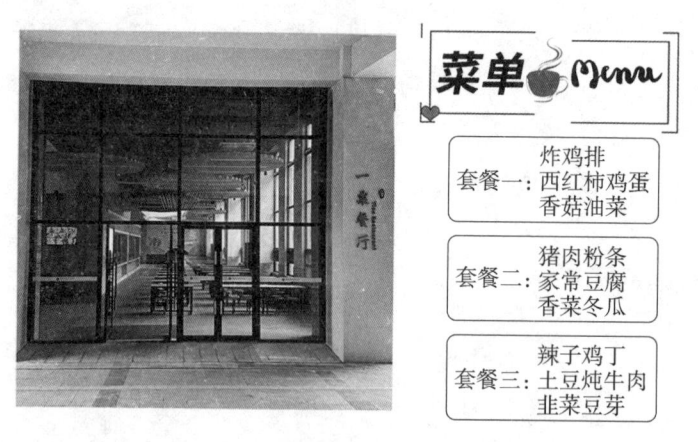

图5-2　餐饮公司今日菜谱海报

师:好好学习,快乐成长,寄托了学校对同学们的期望。如果让你来制定学校一周的午餐食谱,你会怎么制定?现在,我们的餐饮公司面向全校的学生,积极征集午餐食谱。

师：食堂的厨师叔叔搭配出了三种套餐，你喜欢哪一种？

师：除了这三种搭配，还有别的搭配方式吗？你选菜品的依据是什么？

任务二：合作探究，设计菜谱

活动1：我会阅读

蛋白质、脂肪、碳水化合物、维生素、矿物质和水是人类必需的六大类营养物质，其中热量主要由蛋白质、脂肪、碳水化合物三类营养物质供给。

每种菜中热量、脂肪和蛋白质的含量如下表：

编号	菜名	热量/千焦	脂肪/g	蛋白质/g
1	猪肉粉条	2462	25	6
2	炸鸡排	1254	19	20
3	土豆炖牛肉	1096	23	11
4	辣子鸡丁	1033	18	7
5	西红柿鸡蛋	899	15	16
6	香菜冬瓜	564	12	1
7	家常豆腐	1020	16	13
8	香菇油菜	911	11	7
9	韭菜豆芽	497	7	3

10岁左右的儿童从每顿午餐中，获取的热量应不低于2926千焦，脂肪应不超过50克。

● 什么是热量？

热量，是用来维持生命体活动、消耗能量的东西。肺部呼吸，心脏跳动，肠热量，走路，挥手，你的每一个动点都是在消耗热量。它就像汽油对汽车，电对手机一样重要。我们是动物，没有叶绿体，无法光合作用产生能量，只能依靠嘴巴摄入食物，获取能量。食物在人体中通过氧化反应释放出能量，这就是我们需要的热量，原料就是食物中的碳水化合物、脂肪和蛋白质。

● 什么是脂肪？

脂肪的最主要功能就是储存并提供能量，同样重量的脂肪所含的能量比其他的营养成分高一倍以上，所以脂肪一直是我们身体的热量仓库，我们的身体在不断的消耗脂肪。炒菜用的油和肥肉这些都是脂肪。请谨记脂肪不可怕，脂肪是必须的，只有多出来的脂肪才需要减掉。脂肪还是我们身体的保护层呢。

● 什么是蛋白质？

蛋白质也是提供能量的，更是生命存在的重要基础，能让儿童长得更高，让儿童更聪明，为儿童免疫力提供保障。

图5-3 阅读材料

学生自主阅读学习资料。

布置任务：你能为食堂设计一周既好吃又营养的午餐食谱吗？

思考问题：1. 这么有挑战性的任务该如何完成呢？

2. 什么叫有营养？营养成分有哪些？它们都有什么作用呢？

3. 我们该如何判断呢？营养午餐有标准吗？

活动 2：我会判断

问题：有了食物营养含量表和营养标准，就可以判断了吗？

举例说明：上面这张营养含量表把每一道菜的营养含量都清晰地表示出来了，例如，猪肉粉条这道菜肴，所含热量是 2 462 千焦，所含脂肪是 25 克，蛋白质 6 克。每一道菜肴的含量各不相同。科学判断每个套餐是否符合标准，这就要靠我们认真观察和精准计算啦，套餐中的菜肴和表格中的信息要一一对应，此外计算要细心，算完的结果别忘了和标准比一比。

例如：我们选套餐一，先算热量，炸鸡排、西红柿鸡蛋和香菇油菜的热量分别是 1 254 千焦、899 千焦和 911 千焦，加在一起总共是 3 064 千焦，比标准 2 926 千焦大，所以热量是合格的。再来看脂肪，"19＋15＋11"等于 45 克，50 大于 45，也就是比 50 克脂肪少，也是符合标准的。所以套餐一是符合营养标准的，既好吃又有营养。

师提问：套餐二和套餐三是否符合营养标准呢？请你依据营养成分表和营养标准进行判断。

学生分析套餐二不合格的原因，提出调整思路：针对套餐二的不合格之处，调换其他合乎营养标准的菜品。学生经过计算，发现套餐二的脂肪超标了，因此可以更换成脂肪含量低的一道菜肴，比如把香菜冬瓜换成脂肪较低的韭菜豆芽，计算看看，热量（2 462＋1 020＋497＝3 979）大于 2 926，合格。而脂肪（25＋16＋7＝48）小于 50 也是合格的。

任务三：思维延伸，智慧调整

重现任务：我们如何为食堂搭配出一份既好吃又有营养的午餐食谱呢？

师：请同学们自己在任务单上或练习纸上进行选择和判断。请你根据喜好和营养价值选择三道菜进行组合，计算出组合中食物的热量和脂肪含量，如果不达标，需要进一步调整，并在空白处写清楚你是如何调整的？跟你的组员分享并讨论。

> 选择：根据喜好和营养价值选择三份菜进行组合
>
> 计算：用计算器计算组合的热量值和脂肪值等
>
> 交流：组内分享你的调整思路

	菜品序号	热量/千焦	是否达标（√或×）	脂肪/克	是否达标（√或×）	蛋白质
首次点菜						
再次点菜						

依据数据，说说你为什么这样调整？

图 5-4　午餐谱示例

学生小组合作：计算一开始的午餐搭配是否符合标准，如果不符合，调整的方式是怎样的？小组成员之间进行探讨。

学生小组分享：组内讨论得出最优午餐搭配方案，上台分享其选择和调整过程，6 个小组分别贡献出一份方案，汇总在黑板上。

最后，在 6 份符合营养标准的方案中，学生投票选出最受欢迎的一份午餐搭配方案，由此得出了本节课的成果，一份既营养又最受学生欢迎的午餐搭配方案。

师总结：我们心中要有健康营养标准，要选择荤素搭配，两荤一素或一荤两素；也要有一定的方法技巧，先固定两道菜肴，可以固定两素，也可以固定两荤，还可以是一荤一素；可以采用估算（计算）还需要多少才能达到标准，根据数据再去选择另一道菜肴，进行调整。

师提问：如果让你一直吃这个组合，你会不会腻呀？这份午餐组合适合每一个十岁左右的儿童吗？

师：看来特殊的人群要进行特殊的设计，但也尽量符合膳食均衡的标准，如果长期营养不均衡，会造成哪些后果呢？肥胖的儿童，由于脂肪在神经系统的堆积，造成大脑神经发育受到影响，导致智商降低。此外，这类儿童血压水平高于正常儿童，高血脂、糖尿病等成人病也容易找上肥胖儿童。而长期营养不良会影响体格生长发育，一些维生素、微量元素的缺失造成贫血、免疫力下降，这时病毒就会乘虚而入。所以我们平时应该不挑食、不暴饮暴食、合理搭配、营养膳食。

五 作业设计

（1）全班分为 6 个小组，每组选择一个食物种类，组内成员课后调查 3—5 种常见食物每 100 g 的营养物质含量，组长汇总填写在班级表格中。可利用食物营养成分查询平台来获取公开信息（http://yycx.yybq.net/）。

◆ 设计意图：让学生通过查阅资料认识到不同的食物所含的营养成分是不一样的，更能意识到膳食均衡对生长发育的重要性。通过全班进行分工，学生能减少工作量，提高获取知识的效率，体现了合作学习的价值。同时也能为学生下一步提升作业打下良好的基础，认识到食物的种类非常丰富，可以根据健康需要来选择不同的食物。

（2）调查家庭成员的饮食习惯，了解他们的身体健康情况，依据不同体质给大家制定一份营养美味的菜谱。当然也可以通过查阅资料，为食堂补充一些菜肴品种，设计搭配营养更均衡，更符合同学们的饮食习惯的套餐食谱。

◆ 设计意图：让学生能够将知识应用到生活中，了解家人的生活习惯，认识到饮食习惯对于人的塑造作用，更体会到健康饮食的重要性，亲历"午餐方案的判断、调整、设计、统计"等实践活动的全过程，体会数学和科学跨学科融合的重要性，掌握科学搭配的方法，提升数学思考和问题解决的能力。

（课例提供者：赖小莹　郭惠怡　苏红梅）

项目学习 Ⅰ 草木染拾光

适用年级：小学四、五、六年级

一 项目背景

"织为云外秋雁行，染作江南春水色"，草木染，取于自然，馈予自然。中国古籍《唐六典》中记载："凡染大抵以草木而成，有以花叶，有以茎实，有以根皮，出有方土，采以时月。""青青子衿""青青子佩""绿兮衣兮，绿衣黄裳"，《诗经》也用最质朴但永恒的方式，记载下了遥远的历史中曾经闪现的耀眼色彩。草木染，亦称植物染色，天然染色，它是一种古代民间染色方法，采用天然植物、中药材、花卉、蔬菜、茶叶等制成染料，为织物染色。蓝染、扎染、蜡染、蓝印花布等均属此类。本项目借助东纵小学双成劳动体验馆，推进项目式"纵创融合"设计，将草木染和二十四节气两项非遗文化有机结合，让学生在活动中浸润和成长。

二 学习目标

1. 了解草木染的历史、染料的来源，初步掌握草木染的方法。

2. 通过学习草木染工艺，培养学生的审美能力、创新精神和探究精神，发展创造性思维，提高创新能力和动手操作能力。

3. 学生在自主探究过程中体会学习的乐趣，寓教于乐，通过使用日常生活中常见的材料，创作艺术品，感知生活美、劳动美、艺术美，并做到学以致用。在掌握基础知识的同时鼓励学生创新，鼓励有个性的创造。

三 学习内容

本项目强调学生直接体验和亲身参与，注重劳动实践、手脑并用，知行合一、学创融通,倡导"做中学""学中做",注重引导学生从现实生活的真实需求出发,亲历情境、亲手操作,亲身体验,经历完整的劳动实践过程,并通过多种评价方式激励学生参与其中的主动性、积极性和创造性。形成实施计划如表5-5所示。

表5-5 "草木染拾光"项目学习实施计划

主题	学习内容	课时
春日染花芳	立春敲拓染	1
	雨水煎煮染	1
	惊蛰染蔷薇	1
	春分染木棉	1
	清明艾草青	1
	谷雨百花香	1
夏日染阳光	立夏桑葚紫	1
	小满枇杷黄	1
	芒种黄栀果	1
	夏至荷叶圆	1
	小暑莲蓬满	1
	大暑洋葱染	1
秋日染果香	立秋玩扎染	1
	处暑石榴染	1
	白露葡萄染	1
	秋分柑橘染	1
	寒露火龙果	1
	霜降柿子染	1
冬日染药安	立冬苏木染	1
	小雪五倍子	1
	大雪茜草红	1
	冬至蝶豆蓝	1

(续表)

主题	学习内容	课时
	小寒栀子黄	1
	大寒雪菊安	1

四 项目评价

本项目以过程性评价为主,采用多维度、多主体的评价方式,从劳动态度、劳动技能、劳动成果等方面制作评价量表,供学生在课程活动中进行自评、互评和教师评价,激发学生兴趣,端正学生态度,促进其生活技能的增长。

(创意设计者:苏红梅　杨成燕)

评价创意 | 劳动街市

适用年级：小学四—六年级

一 活动背景

作为深圳的产业大区，坪山区落实立德树人根本任务，全面推进劳动教育学科建设，多点发力、多措并举、多元融合、多方联动，初步形成政府、社会、学校、家庭四位一体的教育模式，构建了具有坪山特色的区域劳动教育"润"课程模式。2023年5月，深圳市2023年义务教育阶段劳动教育现场教学观摩研讨会（第六场）暨广东省劳动教育学科教研基地（深圳）研修活动暨坪山区劳动教育大会计划在坪山户外劳动基地召开，大会要求各校拿出本校劳动教育课程的"看家本领"，各设一个摊位，形成坪山区劳动街市暨坪山区学校劳动教育成果展示。在此背景下，东纵小学将展示任务转化为项目式学习（PBL）课程学习项目，由草木染课程的师生共同完成。

二 预期成果

开设学校草木染劳动课程摊位，展示草木染作品。

三 项目设计

1. 实物展示

主要展示草木染课程平时的课堂成果。整理日常作品，包括敲拓染、扎染、竹叶染、草药染等不同的染色方式，为不同的染色方式划分展示区域，包括草木染原料、染色布料和工艺品制作三种不同类型的展示，并为之制作不同的标签。

敲拓染：展示不同颜色的植物枝叶和敲拓工具，如从校园收集花瓣、树叶等原材料，敲拓使用的锤子、石头、透明胶布等工具。

扎染：展示不同的扎染方式形成的图样，以蓝染作品为主悬挂布置摊位，同时将之制作成的模特服装、发带、发卡等丰富的周边艺术品集中展示。

竹叶染：展示使用竹叶浸泡染色而成的丝巾。

草药染：展示栀子、苏木、茜草等草药及染色形成不同布料色样。

标签制作：图文并茂，展现材料名字、印染方式，根据需要用图示展现作品的形成过程。

2. 展板展示

整理校内劳动课程开展的情况介绍、图片资料，包括双成劳动馆劳动课程、日常校园劳动、社团劳动课程等丰富多样的课程形式，此项由学校教师完成。草木染课程由社团学生撰写社团简介、活动记录和参与感想投稿，丰富展板素材。

3. 视频展示

整理校内劳动课程的开展情况，包括双成劳动馆劳动课程、日常校园劳动、社团劳动课程等丰富多样的课程形式。同时，将劳动评价相关的活动穿插其中，如五一劳动节致敬劳动者的快闪活动，纵横素养展示节中的劳动评价活动等，力求全面展示我校劳动课程样态，展现学生积极劳动样貌，此部分由学校教师完成。

其中，劳动社团课程结合摊位展示主体，突出草木染课程，由社团老师及学生录制相关视频投稿，完整记录蓝染扎染作品的过程。

4. 解说展示

在完成展板素材的基础上，将文字资料转化为口头表达，撰写解说词。通过解说词评比和讲解员比赛两个环节，在社团内遴选思维敏捷、表达流畅的小小解说员 2—3 名，在劳动街市当天进行项目解说，向来往师生介绍学校的草木染课程。

5. 体验展示

选定草药染作为劳动街市当天体验项目，结合日常社团表现遴选 1—2 名体验指引员。在劳动街市当天，提前调好染料，并指引体验师生完成自己的扎染作品。

四 评价维度

表 5-6 "劳动街市"项目评价表

项目参与	项目指标	星级	自评	互评	师评
实物准备	能有条理地完成作品整理	★★			
	积极完善草木染周边艺术品制作,并被选用作为展示素材	★★			
	参与作品标签制作并被选用作为展示素材	★★			
展板制作	撰写社团简介、活动记录和参与感想投稿,并被选用	★★			
视频拍摄	参与录制相关视频,态度积极认真	★			
解说展示	撰写解说词,入围解说词评比	★★			
	被遴选为小小解说员,表现自信大方,能随机应变	★★★			
体验指引	积极参与体验员竞选	★			
	被遴选为体验指引员,表现自信大方,能随机应变	★★★			

五 项目成果

在本次劳动街市摊位展示中,东纵小学"草木染拾光"的主题摊位既整体呈现了学校劳动课程的成果,又凸显了草木染的课程特色,既有实物展示,又有视频介绍,还有现场导引解说,摊位赏心悦目,又融合体验功能……丰富的摊位呈现,向各级领导及各校师生展现了东纵小学的劳动课程成果。

图5-5 劳动街市摊位展示现场活动照片

（照片由作者提供）

（创意设计者：苏红梅 黄奕敏）

第六章
从生活逻辑到文化逻辑

实践性学习不能简单地联系浅层的生活现象,而是要深挖生活现象背后的深层文化。从生活逻辑到文化逻辑的转变,是通过实践性学习挖掘生活现象和文化的教育性的过程。实践性学习需以学生面临的生活现象为基础,将研究的问题和学生的现实生活场景相融合,挖掘其与学科知识的联系,引导学生主动探索现实问题,获得更深刻的知识和技能,在潜移默化的过程中接受文化的熏陶,这样,实践性学习才能实现从生活逻辑到文化逻辑的转变。

文化不只是存在于课本，而是与学生真实的生活紧密相连。文化来源于实践，是一种素养。每个人所具有的文化素养并非凭空产生的，也不是简单地听几节课就能提高的，它是通过对社会生活的体验逐步培养出来的。因此教师在设计实践性学习活动时，要坚持以生为本，以学生的实际生活为起点，以学科知识为支撑，注重"学科知识与生活经验"的有机结合、"生活逻辑和文化逻辑"的有机结合，引导学生在理解和掌握知识的基础上，在体验和实践中理解、欣赏不同的文化，积累经验，丰富精神世界，提高文化素养。

什么是生活逻辑？就是在学生的学习活动中联系生活现象。值得注意的是，生活逻辑不是简单的生活叠加，而是指引学生在生活过程中去获得经验方法、积累生活智慧。什么是文化逻辑？它是指以文化为视角，以逻辑体系为基础，以真实的生活世界和学生的活动为起点建立起来的认识方式。

为什么要实现从生活逻辑到文化逻辑的转变呢？实践性学习不能简单地联系浅层的生活现象，给学习任务套上一个"生活逻辑"的外衣，而是要深挖生活现象背后的文化，挖掘生活现象的文化教育性。文化逻辑强调的不是简单的文化知识，而是生活背后的文化底蕴，这有助于提高学生的文化素养。因此，从生活逻辑到文化逻辑是必要的。实践性学习要以学生的现实生活为依托，打通学科知识和生活的壁垒，以学生的生活逻辑对文化逻辑进行必要的、合理的化归，深挖生活现象背后的文化底蕴，从而设计出具有教育意义的实践性学习活动内容。

如何实现从生活逻辑到文化逻辑的转变呢？首先，我们需要寻找一个有效的活动载体。PBL项目式学习符合学习圈理论，坚持以学生为中心，而教师在这一过程中仅仅作为引导者。在项目式学习的过程中，学生以个人或小组的形式主动探索现实问题，从而获得更深刻的知识和技能，在潜移默化的过程中接受文化的熏陶。这正好是实现从生活逻辑到文化逻辑的有效方式，因此教师可以以PBL项目式学习为活动载体开展实践性学习。

PBL项目式学习以现实问题为起点，以多学科知识为支撑，让学生利用所学知识解决生活中的实际问题、探索生活现象和文化历史，从而提高学生的文化素养。这不仅有利于学生的多样性发展，而且有利于实现从生活逻辑到文化逻辑的转变。利用学生的生活资源，并不是简单地将生活情景和学科知识相加、随意拼凑，而是要实现学生对知识的体验。① 只有沉浸地开展体验式学习,才能更好地激发学生的学习兴趣,更好地让学生在体验中丰富文化底蕴,在体验中增强文化自信。

实践性学习需要经历"切入性事件—主导性问题—自主性探究—持续性体验—表现性成果"五要素的活动②,将研究的问题和学生的现实生活场景相融合,让学生在解决问题的过程中巩固知识、探索文化。以 PBL 项目式学习为例,设计活动内容时要挑选学生现实生活中比较熟悉的事情作为情境,如节日、购物、节水、旅游等,调动学生的直接经验,激发学生对生活的感悟,让学生能够身临其境地进行实践性学习。其中,情境的创设不能与学科知识相割裂,这不利于实现从生活逻辑到文化逻辑的转变。因此,PBL 项目式学习必须着手于学生遇见的生活现象,挖掘其与学科知识的联系,并且挖掘其隐藏的文化底蕴,二者缺一不可。东纵小学以"节日"为抓手,设计了"节日里的 PBL"的综合性学习,开展"最美劳动星""探清明·寻春趣""秋天的亲子约会"等实践性学习活动。学校关注学生成长面临的生活现象,从生活逻辑到文化逻辑,将学科知识和节日习俗文化融合起来。以"探清明·寻春趣"清明主题实践活动为例,活动融合了语文、数学、科学、劳动等学科知识,布置了"放飞清明""品尝清明""诵读清明""播种清明"等任务,让学生一起探清明、寻春趣。除了扫墓、缅怀,斗草、放风筝、荡秋千、蹴鞠、投壶也都是清明的传统节日活动,但是学生对于这些节日活动不太了解。因此在设计实践活动时,学校将这些传统清明节活动和各学科知识融合在一起。在活动过程中,学生不仅能够利用多学科知识解决问题,还有机会亲身动手操作,与家人一起体验别样的清明文化,了解清明节、体验清明节、感受清明节。学生在实践过程中对清明习俗进行体验、思考,通过自主搜集资料、查阅书籍等方式了解习俗背后的寓意,体会清明节"慎终追远、民德归厚"的文化底蕴。这既提高了学生的自主学习能力及批判思维能力,又丰富了学生对清明文化的理解,提高了学生的核心素养和文化素养。

设计与知识、文化相符合的主导性问题至关重要。主导性问题既要与切入性事件巧妙结合,又要恰当地引导学生用所学的知识解决问题。所以,要实现从生活逻辑到

---

① 朱敏.以生活逻辑化归学科逻辑——例谈"历史与社会"教学中生活逻辑与学科逻辑的有机整合.教学月刊·中学版(教学管理),2014(7):62—64.
② 堵琳琳.通逻辑重结构:初中学科实践性学习活动的十年探索[J].中国基础教育,2023,8(4):48—52.

文化逻辑的转变，教师需要在设置问题时做到"科学性"与"共情性"的有机统一。① 科学性要求问题的设置要简练明了，任务要求明确，切忌不能过大、不能过小。问题的设置还要有层次性，层层递进，引导学生进行符合思维逻辑的逐步探究。共情性指的是问题的设置要符合学生的身心发展规律。不仅如此，教师要站在学生的角度设置问题，充分考虑学生的知识水平和解决问题的能力。

设置符合学生经验基础和认知特点的主导性问题，有利于引导学生进行自主性探究。学生可以以个人操作、同桌交流、小组合作等多种方式进行自主探究，根据问题的设置和教师的引导，逐步用已有的学科知识解决问题，逐步用已有的活动经验探索新知。实践性学习要给予学生持续性体验，而不是布置任务和提交任务这么简单。教师可以收集学生实践性学习的过程性资料，引导学生在自主探究的过程中形成表现性的成果，如视频、学习单、研究报告、手工品等。此外，教师还可以在实践性学习完成之后，组织全班进行学习成果的汇报交流，让学生在经验分享的过程中复盘实践过程，同时吸取他人的经验。

学生在实践性学习的过程中，从与文化相符合的现实问题出发，自主探究、合作交流，探索现实问题和生活情境背后的文化，在探索的过程中持续性体验，并将体验到的文化具象化，形成表现性的成果。至此，实践性学习实现了从生活逻辑到文化逻辑的转变。

（撰稿者：庄家淇）

---

① 朱敏.以生活逻辑化归学科逻辑——例谈"历史与社会"教学中生活逻辑与学科逻辑的有机整合.教学月刊·中学版（教学管理），2014(7)：62—64.

课程展台 Ⅰ 长征路上的野菜

适用年级：小学二年级

本课程为自编教材内容，围绕"野菜"展开跨学科的综合性课堂学习。俗话说"物以稀为贵，食以野为奇"。三月正值春季，万物复苏，野菜正当时。中国自古有"不时不食"的饮食传统，在春季开展以"野菜"为主题的综合实践课堂，不仅能结合长征故事加强红色教育，也能引导学生关注中华传统文化，通过查阅相关资料和交流探讨，提高学生的资料收集能力、团队协作能力、动手操作能力，并帮助他们了解野菜背后蕴含的饮食文化、历史文化、诗词文化、红色文化，让学生在实践中得到感悟，有所启发。

一 课程背景

1. 野菜中的饮食文化

中国是农耕文明滋养的土地，人们靠山吃山，据时而食。野菜，是餐桌上的春日第一鲜，千百年来浸润着中国人最纯粹、质朴的吃货情感。可食用的野菜种类很多，吃法也多。其中，苜蓿头、荠菜头、马兰头、香椿头、枸杞头、豌豆头、小蒜头、菊花脑这八种野菜最受欢迎，是野菜中的"顶流天团"，人送团名——"七头一脑"，在做法上可以凉拌，可以烹炒，可以和成馅料包饺子、做包子，或者炸成野菜团子，都各有风味。其中凉拌是较为简单的做法，可以概括为洗、焯、捞、拌这几个步骤，是学生力所能及的。学习凉拌野菜，可以在活动实践中提高动手能力，引导学生亲身感受其中蕴含的饮食文化。

2. 野菜中的历史文化

上古有神农氏尝百草，这大概是吃野菜的鼻祖。一直到先秦，农业栽培还是以粮食为主，人们食用的菜大都来自野外。在古代，为了挖野菜，人们还设立了专门的节日——挑菜节。南北朝时期，宗懔所写的《荆楚岁时记》就提到了"寒食挑菜"这一习俗，当时人们在寒食祭拜祖先的时候，顺道搞点野菜吃。唐代的"挑菜节"则变得更有情调了一些。到了农历二月,野菜冒新芽,人们约着到有山有水的地方,一边游玩,一边摘野菜。正如白居易《二月二日》中所写,"二月二日新雨晴,草芽菜甲一时生。青衫细马春年少,十字津头一字行。"二月初二成为"挑菜节",有明确文字记载的是宋代。"穿花蹴踏千秋索,挑菜嬉游二月晴。"这是北宋黄庭坚的二月二日诗,描写了女孩子们在花间荡秋千,一起拿着篮子去郊外踏青顺便挑野菜回家的场景。论吃,肯定少不了苏轼这个"吃货",他尤其爱吃春芽,拄着拐杖也要去挖野菜,还留下诗句纪念,"拄杖闲挑菜,秋千不见人。殷勤木芍药,独自殿余春。"到了南宋,挑菜节更繁盛。在这一天,就连皇上、皇后都要去挖野菜。直到清朝,二月二挑菜节才被"龙抬头"取代。

3. 野菜中的诗词文化

"参差荇菜,左右采之。"《诗经》中第一篇描绘的民风中,就有当时人们采摘野菜的写照。更有"采薇采薇,薇亦作止",而薇指的就是大山中的野豌豆。粗略算来,《诗经》305篇中提到可食用野菜就有43篇。在《本草纲目·菜部》105种中,有一半左右都为野菜。野菜美名远扬,得力于历代的吃货文人。其中文人最爱的野菜,当属荠菜。魏晋南北朝时,就有不少"荠赋"。宋代的苏东坡和陆放翁,近现代的周作人、汪曾祺,前后接力,众口一词为荠菜扬名。陆游曾吟《食荠十韵》,苏轼则有《与徐十二书》:"今日食荠极美……虽不甘于五味,而有味外之美。"每当春风徐来,总让人想起陆游的"日日思归饱蕨薇,春来荠美忽忘归。传夸真欲嫌荼苦,自笑何时得瓠肥"。荠菜叶嫩根肥,鲜润香口,营养丰富,一句"春来荠美忽忘归",说出了荠菜千百年来深为人们所喜爱。

4. 野菜中的红色文化

野菜是长征路上红军的重要粮食。漫漫长征路,红军什么都吃,什么都不挑,野菜野草、树皮草根、肥鱼野兔、牛骨头汤,还吃过牛骨烧化后的骨灰。野菜、草根毕竟不顶饿,实在饿得不行时,有的红军战士便想到了吃牛皮腰带来充饥救命。红军靠着野菜充饥,但并非所有的野菜都可以食用。有的野菜有毒,但红军战士们还是不得已以野菜试毒。在弹尽粮绝时,哪怕明知黄花草有毒,也只能吃下去,哪怕被折磨得浑身难受,也不要被活活饿死,因为多活一个人,就能多一份胜利的希望。小小的野菜,是红军战士们团结一心、舍己为人的品格映照。那段艰苦的岁月里,不论是山野中最平常不过的野菜,还是日常生活里别在腰间的皮带,都带着红军战士坚定的信念和意志,也散发着红色文化的光辉。了解野菜,了解其中的革命文化,有助于学生具体感受长征路上的艰苦卓绝,从而告诫自己珍惜美好生活,激励自己努力进步,做新时代的好少年!

二 课程学习目标

本课程旨在引导学生了解常见野菜,积累和野菜相关的诗词;学会制作野菜菜肴,初步掌握凉拌菜品的劳动技能,提高动手实践能力和小组合作能力;尝试收集资料,了解长征路上的野菜故事,在实际劳动中感受红军的艰辛,体会当下幸福的来之不易。

三 内容与实施

教师配合课件视频引出课堂的主角——野菜,并围绕野菜展开交流学习。

师:什么是野菜?野菜是不经过人工培育,也没有化肥和农药,自由生长在山野中,可以食用的野生植物。常见的野菜有"七头一脑":苜蓿头、荠菜头、马兰头、香椿头、枸杞头、豌豆头、小蒜头和菊花脑。它们是野菜界的"顶流天团"。

师:采野菜的历史可以一直追溯到神农氏尝百草。《诗经》一开篇就有当时人们采摘野菜的写照:"参差荇菜,左右采之。"可见野菜历史悠长。文人吃货也写过许多与野菜有关的诗词,如陆游的"不知马兰入晨俎,何似燕麦摇春风""日日思归饱蕨薇,春来荠美忽忘归",郑板桥的"三月荠菜饶有味,九熟樱桃最有名"等。请同学们跟着老师一起来读一读这些诗词。

师:今天这节课我们就一起来制作凉拌野菜。我们已经在课前做好凉拌食材和厨具准备,那么现在请同学们跟随老师进行凉拌野菜的步骤学习和操作。(老师示范操作凉拌野菜。)

师:凉拌野菜的制作步骤可以总结为"洗—焯—捞—拌"。首先,择叶洗干净。第二步焯水,把菜放在开水锅里过一遍水,加热到全熟状态。焯水可以使野菜的颜色更鲜艳,质地也更脆嫩,减轻涩味或酸味、苦味,不仅让食材更加干净卫生,也能使色香味提升一个层次。第三步是捞出野菜,这是有诀窍的,要上下轻抖沥干汤汁。第四步,我们可以根据个人口味喜好加入调味料,拌匀。现在,请同学们以同桌两人为一组一起动手制作一份凉拌野菜吧。(学生合作制作凉拌野菜。)

师:请同学们焯水后不加调料,直接尝野菜,和你的同桌说一说它的味道。

师:最后,请同学们根据个人口味加入调味料,完成凉拌野菜的制作,再尝味道,再和你的同桌说一说它的味道。

课前让学生查阅资料,了解和收集长征路上的野菜故事,进行组内交流和班级分享。教师穿插分享长征组诗《过雪山草地》、长征路上的"野菜试毒者"视频、黄花草的故事和半根皮带的故事。

师:古有神农尝百草,长征时有野菜试毒人。我们可以发现,长征路上,像陈云同志这样的红军战士并不是一个两个,小小的野菜,是红军战士们团结一心、舍己为人的品格映照。

师:那段艰苦的岁月里,不论是山野中最平常不过的野菜,还是日常生活里别在腰间的衣裤皮带,都带着红军战士坚定的信念和意志,也散发着红色文化的光辉。美好生活,劳动创造。鼓励孩子们和家人一起动起手来,尝尝这山林间的美味,也共同回味长征路上的艰苦卓绝,激励自己努力进步,做新时代的好少年!

四 设计意图

本课程在学生了解"野菜"的基础上,将之放在特定的历史背景中,了解长征路上野菜的故事,并以野菜为切入点,发散了解长征途中因为条件限制不仅吃野草野菜,还有树皮草根皮带等,通过相关诗词、视频影像等的材料佐证,共同回味长征路上的艰苦卓绝,从而使心灵得到震动,激励自己努力进步。本课程创新整合野菜的多学科知识,使用丰富的文字、史料、图像、音频、视频等资源载体,多感官的刺激帮助学生更为投入地进行实践性学习,实现了从生活逻辑到文化逻辑的转变,更深刻地感受野菜蕴含的文化意蕴。教师在厨艺馆带领学生进行课堂实际操作,使得教学效果最大化。

(课程设计者:黄奕敏)

课例研究 Ⅰ　做现代的曹冲

适用年级：小学二年级

"曹冲称象"是我国经典的历史故事，也是部编版语文教科书二年级上册的一篇课文。以其为主题设计数学文化主题活动，能够立足数学的文化本质，并彰显中国传统数学文化的力量。

一　学习目标

一是理解"曹冲称象"的基本原理是等量的等量相等，在具体操作的过程中，体会等量的等量相等原理，会用"曹冲称象"的方法称量超出量程的物体的质量；二是在对"曹冲称象"故事的分析中，形成问题意识；三是在对"曹冲称象"基本原理的探索中，发展量感和推理意识。

二　内容与实施

师：你们有寄过快递吗？老师最近想寄一件快递，需要知道它有多重，才能付运费。请你来掂一掂，你感觉这个快递有多重？我们怎样可以知道快递的质量呢？

生：称一称。

师：那我们一起来称一称，看看这件快递有多重？咦！发生了什么？

生：指针转了一圈多。

师：这说明了什么？

生：快递的质量超出了秤的测量范围，称不出来。

师：怎么办？你们有没有别的办法？

生：可以用"曹冲称象"的办法。

师：曹冲用了什么办法称象呢？你能给大家讲讲吗？曹冲的办法分为几步呢？谁能来总结一下？

生：第一步，赶象上船，画线；第二步，赶象上岸；第三步，装石头；第四步，称石头。

师：曹冲的办法可行吗？为什么称石头就知道大象的质量呢？不急，我们不妨就做一回现代的曹冲，试着用"曹冲称象"的方法称一称这件快递的质量。老师帮你们准备了大塑料箱、小塑料箱、快递、石头和秤。想一想，怎么用这些学具模拟"曹冲称象"呢？

学生小组讨论出模拟实验的具体步骤，进行全班交流汇报，然后利用学具模拟实验。

师：有没有同学来说一说，实验的过程中，你遇到了什么问题呢？

生：快递要放中间，不然船就不平。

师：那怎么解决呢？谁想到了办法？

生：慢慢放。如果船还是不平，可以一点点地挪。

生：如果在船外面画线会把笔弄湿，所以要在船里面画线。

生：称石头的时候，石头的质量超出了秤的测量范围，测不出来。

师：咦，石头称不了，那怎么办呢？

生：可以把石头分成一堆一堆，分开来称，然后再把它们的质量加起来。

师：把石头分成几堆，石头的总质量就等于每堆石头的质量之和。我们刚刚一起解决了实验过程中发现的一些问题，如果再让你们实验一次，你们想好怎么解决这些问题，让结果更加准确了吗？

学生根据刚刚发现的问题，重新调整，再来称快递。

师：为什么每个小组计算的快递的质量不一样呢？问题出现在哪里？

生：快递的位置没有放好。

生：读秤时出现一点偏差。

生：画线可能画斜了。

生：石头不好放，不能刚好放到标记的那条线。

师：看来我们实验的时候还需要更加细心才行，一点点的小错误都有可能影响最后的称量结果。同学们，回想一下刚刚的实验过程，你现在知道，为什么石头的质量就等于快递的质量吗?

生:快递上船的时候,船下沉到画的那一条线上;装石头,也是装到船下沉到画的线上。所以,石头的质量就等于快递的质量。

师:对了,因为两次船都下沉到同一位置,下沉深度相同,所以石头的质量就等于快递的质量。我们就可以把快递的质量转化成石头的质量。曹冲也正是用了这个原理,把大象的质量转化成了石头的质量。

可是刚刚实验的过程中,有同学发现石头不好放,很难刚好到那条线上,能不能把快递的质量转化成更合适、更好调整的物体?

生:沙子/大米/绿豆/水……

师:除了选择更好调整的物体进行转化,我们也可以用科技改善称量工具,扩大它的测量范围。下面,就让我们一起来看看,现在是用什么来称量大象的质量的?(播放称象视频)

师:地磅是安装在地面上的大秤,在生活中,通常用来称汽车的质量。汽车只要开上地磅,就能显示出汽车的质量。科技的发展让我们的称量变得更加方便。但是,我们不能否认,"曹冲称象"的办法也给我们留下非常重要的数学方法。你能说说这节课你学到了什么数学方法吗?

生:如果称不出来,我们可以把快递的质量转化成石头的质量。

师:哦,你的意思是你学到了转化的思想。把称不了的转化成能称的。其实,学习上我们也可以用转化的思想,将未知转化成已经学过的知识,利用转化的数学思想继续探究、思考。

三 设计意图

本课例从"在生活中,如何称量很重很重的东西"的问题为起点,以"曹冲称象"故事为依托,结合现实素材实施课堂教学,让学生以小组合作的形式体验"曹冲称象"的过程,理解"曹冲称象"的基本原理是等量的等量相等,发展学生的量感和推理意识。本课例实现了跨学科融合,将"克、千克和吨"的数学知识与语文课文"曹冲称象"融合,组织学生阅读故事并抓住关键语句,引导学生对称象原理进行思考,引导学生把在科学课上学过的正确使用天平秤的方法迁移应用到任务中,增强跨学科探究的意识。此外,本课例通过挖掘和扩充"曹冲称象"中数学与文化、数学与学生的互动,帮助学生自然地建立对数学文化的理解,建构基本的数学知识,形成相关的精神品质与数学核心素养。

(课例提供者:庄家淇)

项目学习 I 坪山红色文化小导游

适用年级：小学五年级

一 内容与实施

坪山是一片历史文化厚重的热土，东纵精神和特区精神在这里交相辉映。这个国庆假期，许多周边城市的同学慕名而来，进行"两天一夜"红色文化研学活动。作为坪山的小主人，请你担任"坪山红色文化小导游"，想一想，如何让研学团的同学们更好地了解坪山的红色景点和文化？

1. 小小历史记录员

通过和家人实地走访、请教他人、利用书籍或者网络查找资料等方式，了解坪山的红色景点，包括但不限于景点名称、位置、由来以及其中的历史故事等，并记录在"坪山红色景点故事卡"上。（坪山红色景点可参考：东纵小学、东江纵队纪念馆、坪山中心小学、坪山革命烈士纪念园、庚子首义旧址、马峦山梅亭、坑梓革命烈士纪念碑、"不忘初心、牢记使命"主题教育馆、水源世居。）

2. 我是小小策划师

为研学团的同学们规划好"两天一夜"的行程安排，并绘制一张图文并茂的"双语研学导览地图"，帮助研学团的同学们快速了解坪山的红色景点与文化。要求：①图文并茂，布局合理，书写工整；②要展示出旅游路线，标记好景点的位置以及景点之间的距离。

3. 精打细算会计师

请根据你选取的红色景点，为研学团的同学们预订酒店、推荐美食，预算此次研学的经费（经费包括交通费、伙食费、住宿费）。此任务要完成以下内容：①根据绘制的"双语研学导览地图"，设计交通路线，并计算交通费；②为研学团推荐美食，并计算伙食费；③为研学团预订酒店，并计算住宿费；④计算出此次研学经费，并绘制成表格。

4. 争做小小代言人

请你根据自己策划的"研学导览地图"录制一个导游视频,以直观生动的方式向研学团的同学们介绍坪山的红色景点、红色文化。要求:着装整齐,大方得体,内容贴切。

5. 设计一个旅游计划(Design a travel plan)

假如在这次导游任务中,你遇见了一个外国友人,想请你帮他设计一个坪山旅游手账,你会怎么安排呢?一次旅行需要考虑许多方面,例如:地点、交通方式、住宿、当地气候、所需衣服、当地特色美食、必去景点等。请根据以上所提的方面,用所学的英语制作一篇旅游手账。要求:①不低于8个句子;②图文并茂;③内容至少包含三个方面,可增加内容,发挥想象,多多益善。

二 设计意图

这是一个PBL项目式学习课程,以"坪山红色文化小导游"为核心设计了跨学科融合智趣多的实践性学习。该项目式学习以学生旅游、外出游玩的生活经验为抓手,设置"为研学团同学设计研学活动方案"的背景,引导学生用直接经验和多学科知识设计研学方案。"坪山红色文化小导游"是一个跨学科融合的项目式学习,融合了语文、数学、英语三门学科的知识,引导学生用所学知识设计研学方案。学生在设计方案的同时又有机会了解坪山红色景点的历史故事、了解坪山红色文化,做到了在实践中学、在体验中了解,提高了学生的文化素养,培养了学生的爱国意识和家国情怀。

(创意设计者:苏红梅　庄家淇　卢慧真)

评价创意 Ⅰ 班级旧物市场

适用年级：小学二年级

一 活动背景

跨学科主题活动"班级旧物市场"在小学二年级开展，结合真实的购物情境，设计了四个主要环节：认识人民币、筹备、开展购物活动、分享交流会。学生在实践中综合运用数学、语文、道德与法治等学科知识，在实际情境中经历认识人民币、定价、买卖等具体活动，在付钱、找钱的过程中巩固应用人民币的简单计算，在活动过程中了解人民币的意义，培养学生的量感、应用意识及金融素养。

二 活动实施

（一）认识人民币

在本环节中，教师主要引导学生在实际情境中认识人民币，将人民币学具分类，如以材料为标准分为纸币和硬币，以单位为标准分为元、角、分，并总结认一认的经验；通过让学生一分一分地数、一角一角地数，经历十分变成一角、十角变成一元的过程，帮助学生建立对人民币单位之间关系的认识；引导学生观察每种人民币上的图案、盲文等，形成对人民币丰富的认识。

（二）筹备活动

在本环节中，师生共同交流讨论，确定买家、卖家要注意的事项，以及"旧物市场"上要卖的物品，并以小组讨论的形式定好价格。同时，教师组织学生以小组形式设计摊位海报。

（三）购物活动

学生以小组为单位，共同布置好摊位。一部分人先以"卖家"身份卖东西，另一部分以"买家"进行购物,后半场角色互换。通过真实经历买、卖的过程,学生能够体会"买家"和"卖家"操作、思考的不同,在体验购物的过程中,进一步理解人民币加减法的应用,培养了应用意识。同时,学生在活动过程中,分工合作,培养了团队合作意识。

（四）分享交流会

学生课后搜集与人民币相关的课外知识,如图案、编号、盲文、发展过程等,在课堂上进行汇报分享。教师在学生分享时,加以补充,引导学生认识到"人民币纸币、硬币上都有庄严的国徽,象征和表示它是中国的货币",每个人都要爱护人民币,让学生在丰富对人民币认识的同时增强爱国情感。此外,教师将组织学生交流活动收获。

三 评价维度

活动实施	评价维度	星级	自评	互评	师评
认识人民币	能正确辨识人民币,能够认识元、角、分,知道元、角、分之间的关系	★★			
筹备活动	能确定"买家""卖家"需要准备的物品,知道购物中要注意的事项	★			
	能小组合作,完成摊位海报的设计	★			
购物活动	能积极投入购物活动,能清晰表达和交流	★★			
	能正确地付钱、找钱,能正确地进行计算	★★			
	能合理使用人民币	★★			
分享交流会	能清晰、有条理地分享研究成果	★			
	能丰富对人民币的认识	★★			
	能了解人民币上国徽的意义	★★			
	能明确爱护人民币的行为标准	★★			
	能清晰地表达和交流自己的收获	★★			

（创意设计者:庄家淇）

第七章
从学习逻辑到育人逻辑

　　学习是个体获得知识和经验的过程,而育人的特点则是指向个体核心素养的发展。学习的目的不仅在于学到知识,更在于能将所学知识和技能运用于实际生活,进而通过提升个体的核心素养来满足未来生活需求。由学习逻辑到育人逻辑,显示出由传统重知识学习的课程理念到当代注重核心素养培养的课程理念的转变。由学习逻辑到育人逻辑过渡,就是要通过实践性学习,把学到的知识运用于生活实际,凸显实践的育人功能。

在日常学习与生活中，我们常常发现这样的现象：很多时候书本上学到的知识，在实际生活中却没有用武之地；有时，在实践中反而可以学习到书本上学不到而又与我们的生活息息相关的知识与技能。造成这一现象的原因是传统教育过于注重学科知识的传授而忽略核心素养的培育，过于注重课堂教学而忽略实践活动。这种教育理念导致理论与实践相分离，知识与应用相分离，发展与生活、社会相分离，也成为培养全面发展的人的主要障碍之一。

学习的目的不仅在于学习知识，更重要的是在于能把所学知识和技能运用于现实，以适应今后的生活需求；教育的宗旨也不只是传授知识，更重要的是要通过一系列课程的全面学习，来促使学生核心素养得到提高，并最终达成育人目标。由此可见，学习只是过程和手段，育人才是最终的目的。

传统教育一般采用讲授的方式向学生灌输学科知识，虽然在一定程度上能让学生积累大量的知识，但是学生很难学以致用。这种强调学科知识传授而忽视核心素养培育的学习逻辑是一种以知识为本位的学习逻辑。

把学生培养成有理想、有本领、有担当的时代新人是基础教育课程改革所肩负的责任。课程改革应坚持全面发展和育人为本的原则；面向全体学生，因材施教；聚焦核心素养，展望未来；强化课程综合，重视关联；变革育人方式，强调实践。由此可见，坚持以人为本，发挥核心素养的统领作用，突出实践的育人作用，这就是新课程理念下的育人逻辑。

突破重学科知识传授而轻核心素养培育的学习逻辑，构建一套以人为本，以素养为导向的育人逻辑来培养德智体美劳全面发展的人就成了当下课程改革所面临的一个课题。如何从学习逻辑走向育人逻辑？在这点上，实践性学习为我们提供了良好的理论支持和方法指导。

所谓实践性学习是指学习者在真实情境中通过与实践活动相融合、扮演角色、整合关系而获得知识经验的一种学习方式。实践性学习最突出的特征是能够让学习者在玩中学，在做中学，在实践活动中增强个人体验、提升自身素养、发挥活动育人作用。实践育人具有以下几个特征。

一是社会性。实践育人始终是在现实的社会情境或自然情境中展开的，它不仅注重学习知识，更注重人际交往能力和社会规范，具有社会性与道德性特征。

二是情境性。实践育人提倡在实际情境中学习知识经验,而在实际情境中学生活动不可避免地要和与情境中的各个组成部分产生必要关联。

三是主体性。实践育人强调的是学生的自主性要贯穿于学习的全过程,要同环境、知识产生某种联系,主体性要充分体现于学习的全过程之中,主体意识伴随着学习活动的全过程。

四是开放性。实践育人强调学习者所面对的生活世界是一个整体,其内容与对象都是开放的;实践育人既尊重每个学习者成长的特殊需求,又强调富有个性的学习活动过程;它注重学习者在实践活动中丰富多彩的学习体验和个性化表现,实践育人的方式、过程与结果评价等都具有开放性。

实践育人倡导在综合实践过程中获取知识经验以实现对自身学习和生活的重塑和优化,这符合当下教育追求以综合课程学习来推动学生核心素养提升并最终实现育人目标的理念。在学习逻辑向育人逻辑的构建过程中,力求构建一个由外部的学习环境条件和学习者的自身经验状态共同构成的情境来激发学生的学习行为;同时,通过综合实践活动为载体,引导学生积极主动地与情境中的学习要素进行对话、互动,使学生获得知识和经验,增强个人体验,提升个人素养。

学校作为教育教学的主阵地却并非唯一阵地,具有一定的局限性。所以,实践育人不应囿于学校教育之中,而要构建学校、家庭和社区三位一体的育人网络,使学生能够在更广阔、更为真实的情境中开展实践学习,为学生实践活动的开展提供强有力的外援支持。

基于实践育人逻辑,我们开发了实践性学习课程——家校共育"纵"课程,充分挖掘、整合学校、家庭和社区教育资源,形成校家社教育合力。以此促使学生关注社区和社会,学习地方的历史、地理文化等,进而培养学生的实践和生活能力等。

(撰稿者:杨成燕)

课程展台 Ⅰ 家校共育"纵"课程

深圳市坪山区东纵小学因东江纵队精神的传承而建设,如何用活红色资源,把东纵文化渗透到学校德育工作中,是学校德育工作所面临的新挑战。学校基于地域特色和历史文化传承特色,将东纵文化与学校德育工作深度融合,开发了"纵心课程",包含"红色教育课程""劳动教育课程""仪式教育课程""传统文化课程""家校共育课程"五个系列。

一 家校共育"纵"课程框架

家校共育课程作为"纵心课程"(德育课程)的重要组成部分,并非完全独立的一部分,而是与其他系列课程相互融合,相互补充,你中有我,我中有你。内容涵盖德智体美劳五育,包含以下几个部分:家校共育"纵德"课程、家校共育"纵智"课程、家校共育"纵美"课程、家校共育"纵体"课程、家校共育"纵劳"课程。

二 家校共育"纵"课程实施

亲子活动,是促进亲子联系、增进亲子感情的一个有效途径。东纵小学家校共育课程尊重学生身心发展特点,以小学生喜闻乐见的亲子活动为主要实施途径,在轻松愉快的氛围中,把课程从校内延伸到校外,达到润物细无声的育人效果。课程内容丰富多彩,课程形式生动活泼,能充分调动学生和家长的参与积极性,深受学生和家长喜爱。由学校指导、家长协作共推课程实施,体现了新时代家校协同育人要求。

课程一:家校共育"纵德"课程。学校结合自身的办学特色,以传承东纵精神为核心,开发实施家校共育"纵德"课程,把思想品德教育从课内延伸至课外,从学校延伸到家庭。如,将红色教育与家校共育相融合,构建家校共育特色思政课程,"听爸爸妈妈讲爱国故事""跟爸爸妈妈参观红色教育基地"等活动常态化开展;将心理健康教育与家校共育相融合,构建家校共育亲子沟通课程,定期开展"亲子茶话会"。

课程二:家校共育"纵智"课程。根据学生的年龄特点,学校以"亲子共读"为切入点,构建家校共育"纵智"课程,将阅读活动由学校辐射到家庭,推动书香家庭建设,发挥文化育人功能。学校推出"书香家庭"评选,提倡父母与孩子共同布置温馨阅读角,每天坚持陪孩子读书,记录亲子共读温馨瞬间。通过这种"小手拉大手"的方式,培养孩子良好的阅读习惯,增进亲密融洽亲子关系。

课程三:家校共育"纵体"课程。体育运动,是提高学生身体素质的重要保障。学校重视体育运动,除实施"每天一小时体育运动"外,还构建了家校共育"纵体"课程,将体育运动由学校延伸到家庭,动员家长与孩子共同开展体育活动,充分发挥活动育人功能。学校邀请家长参加东纵小学首届校运会,家长们在运动会上与教职工进行拔河比赛、毛毛虫赛,博得"小纵子"声声喝彩,"天天跳绳""街舞操"活动常态化开展。

课程四:家校共育"纵美"课程。学校把亲子活动引进家校共育中,构建家校共育"纵美"课程,充分发挥实践育人功能。如,国庆节期间,开展"秋天的亲子约会"活动,倡导家长带着孩子到户外走走,去发现秋天的美,并用自己的方式记录下来,或拍一张照,或画一幅画,或说几句话;在劳动节期间,开展"布上花园"非遗草木染体验活动,倡导家长带领孩子走进大自然,乘着浓郁的自然之风,用一块纱布、一块石头就能敲拓出永不凋零的色彩花园。

课程五:家校共育"纵劳"课程。劳动教育是一个漫长的旅程,需要学校与家庭的紧密合作,为此,学校与家庭携手,构建家校共育"纵劳"课程,开展生活化"家务劳动课程",如"我会扫地啦""我能洗碗啦""我会洗菜啦"等,把劳动教育从学校延伸到家庭,培养孩子的生活劳动能力。

寒假、暑假、传统节、纪念日等特定的时间节点蕴含特殊的教育意义,学校充分挖掘其中的教育元素融入家校共育课程中,在特定的时间节点开展特殊家校共育活动详见表7-1。

表 7-1　东纵小学家校共育课程安排表

时间	活动安排	活动要求	对应课程
1月	我是家务小能手	与父母一起打扫房子迎接春节	家校共育"纵劳"课程
	天天跳绳	利用寒假与父母一起跳绳，加强锻炼	家校共育"纵体"课程
2月	春节美食我能做	向父母学习春节传统美食的做法	家校共育"纵劳"课程
3月	我是环保小卫士	践行生活中的垃圾分类	家校共育"纵德"课程
	学习雷锋好榜样	到居住的小区做一件好事	家校共育"纵德"课程
4月	清明缅怀英烈	与父母分享英雄故事	家校共育"纵德"课程
	踏青寻春	与父母走近自然	家校共育"纵美"课程
5月	亲子同烹饪	学习一样烹饪技能	家校共育"纵劳"课程
	525亲子茶话会	与父母分享心情	家校共育"纵德"课程
6月	"六一"欢乐行	在父母陪伴下欢度六一	家校共育"纵美"课程
	端午习俗我知道	学做粽子	家校共育"纵劳"课程
7月	童心向党	朗诵红色诗歌	家校共育"纵智"课程
8月	参观红色教育基地	在父母陪伴下参观红色教育基地	家校共育"纵德"课程
	体验农耕劳动	到田园体验农耕劳动	家校共育"纵劳"课程
	天天运动	亲子运动	家校共育"纵体"课程
9月	我和秋天有约会	与父母一起秋游	家校共育"纵美"课程
	中秋习俗我知道	学做月饼	家校共育"纵劳"课程
10月	爱国教育	听爸爸妈妈讲爱国故事	家校共育"纵德"课程
	亲子运动会	举行一场秋天的亲子运动会	家校共育"纵体"课程
11月	亲子共读活动	与父母共读一本书	家校共育"纵智"课程
12月	冬至习俗我知道	学做汤圆	家校共育"纵劳"课程

三　家校共育"纵"课程特色

东纵小学家校共育"纵"课程，立足课程育人、文化育人、活动育人、实践育人、管理育人、协同育人等育人途径，尊重学生身心发展特点，以实践活动为主要实施方式，把

"五育"融入家校共育中,体现了外在课程形式与内在课程内容的自然融合,具有以下几个鲜明特点。

课程结构系统化,层次分明。"纵横课程"结构分为"纵心""纵语""纵思""纵创""纵美""纵体"六大类;"纵心课程"包含"红色教育""劳动教育""仪式教育""传统文化""家校共育"五个系列;"家校共育课程"又分为家校共育"纵德"课程、家校共育"纵智"课程、家校共育"纵体"课程、家校共育"纵美"课程、家校共育"纵劳"课程五个部分。

课程内容多样化,融合性强。以德智体美劳五育为内容,以家校共育为途径,在家校共育课程中融入五育内容,以润物细无声促进学生综合素质的发展。

课程实施活动化,实践性强。从学生生活实际出发设置课程内容,以校家社为阵地,以实践活动为课程实施主要形式,能充分激发家长参与积极性,利用社区的教育功能,实现"校家社"携手全方育人之初衷。

四　家校共育"纵"课程效果

家校共育"纵"课程,是以德智体美劳五育为内容,学校指导、家长协同推进的,是课程内容、实施方式和育人成效的综合体现。学校依托家校共育"纵"课程,大力推进五育融合,取得了多方成效,主要表现在以下几个层面。

学校层面,家庭教育指导方式不断创新。以课程为抓手进行家庭教育指导,使学校对家庭教育的指导趋于系统化,家庭教育指导从理论转向技术。

家长层面,认识到家庭教育的重要性。家长不断地更新家庭教育的理念,对家庭教育有了个人的体会、思考和实践,家长的家庭教育水平得到全面提升。

学生层面,强化了学校课程的育人效果。学生在轻松愉快的亲子活动中,感受到父母对自己的关爱;在丰富多彩的课程学习中,提升个人综合素养。

东纵小学大力推进五育融合,充分挖掘家庭、社区等校外课程资源,构建学校、家庭、社区三结合教育网络,构建家校共育"纵"课程,发挥"校家社"的协同教育作用。引导学生通过参观游览、动手实践等具身学习方式,在课程学习过程中与情境中的各种教育要素互动对话,增强个人体验感,从而获得知识和经验,培养能力。

(撰稿者:杨成燕)

课例研究 Ⅰ　东纵精神耀心中

实践育人不仅适用于校内学习，也适用于校外生活。东纵小学构建的家校共育"纵"课程巧妙地把实践活动从校内延伸到校外，从学校延伸到家庭，让学生在真实的社会情境中积极主动地参与实践活动，从而丰富自身体验和个人素养。

寒暑假学生的空闲时间比较长，正是学生走进社会的最好的机会。学校利用寒暑假时间组织综合实践活动，引导家长带领孩子进社区，开展有意义的实践活动，加强亲子间的沟通与交流，同时丰富了孩子的自身体验。

一　确定实践活动主题

东纵小学基于地域历史文化和自身发展特色，以春节为契机，开展"五育融合多元成长，东纵精神魂耀心中"主题寒假综合实践活动。

二　明确活动对象需求

东纵小学创办于2021年9月，至2022年仅有1—4年级，共572名学生，全校学生均参与了本次寒假综合实践活动。为适应不同年级学生的发展需求，学校充分考虑学生的年龄特点与需求，在不同的年级设置不同的活动内容，体现活动的层次性。

三　制定实践活动计划

东纵小学高度重视学生综合实践活动，成立"寒假综合实践活动"专项工作小组，由校长牵头，德育主任统筹规划，制定了《东纵小学寒假综合实践活动计划》。

四 推进实践活动项目

寒假综合实践活动充分考虑不同年龄学生的需求,融合红色教育、劳动教育、传统文化教育、环保教育等多个方面,内容丰富,形式多样,在丰富学生体验的同时,促进学生综合素养的提升。

活动一:东纵精神薪火传。

东纵小学毗邻东江纵队纪念馆,背靠曾生将军故居,特殊的地理位置赋予了学校丰富的红色资源,东纵精神与学校整体文化紧密融合。寒假期间,学校开展"东纵精神薪火传"综合实践活动:一年级"观红色基地",在父母带领下参观红色基地;二年级"传东纵精神",听爸爸妈妈讲东纵故事;三年级"绘美丽中国",手绘中国红色景观;四年级"讲红色故事",给家人讲一个革命故事。

活动二:新春阖家乐融融。

春节是我国重要传统节日,承载着中华文明。春节期间,学校开展"新春阖家乐融融"综合实践活动:一年级"年味进家门",与父母一起布置家庭春节环境;二年级"佳节共联欢",与家长一起看春节联欢晚会;三年级"春节生机浓",养一盆绿植迎接春节;四年级"传统文化美",做一幅春节知识手抄报。

活动三:积极劳动勤动手。

为培养孩子的劳动能力,培养孩子孝顺父母、热爱家庭、共建家园的美好品质,寒假期间,学校开展"积极劳动勤动手"综合实践活动:一年级"内务小能手",学习自己整理房间;二年级"慧心展巧手",制作手工新年吉祥物;三年级"新年烹饪家",向父母学习做一样新年菜;四年级"扫尘迎新春",跟父母一起大扫除迎接新年。

活动四:勤俭节约爱环境。

垃圾分类,既是保护环境的表现,也能培养孩子勤俭节约的优良品质。寒假期间,学校开展"勤俭节约爱环境"综合实践活动:一年级"绿色小讲师",学习生活垃圾的正确分类;二年级"诗歌诵勤俭",背诵一首关于勤俭节约的诗歌;三年级"宣传小使者",撰写几条关于勤俭节约或保护环境的宣传标语;四年级"旧物巧利用",把家里的旧物变废为宝。

活动五：强身健体小达人。

寒假期间学校开展"强身健体小达人"综合实践活动，倡导家长孩子齐锻炼，开展跳绳、跑步、打篮球等丰富多彩的运动，引导孩子争做健体小达人。

活动六：云游天下观山海。

学校鼓励孩子在寒假研学旅行、走亲访友的过程中，记录"微研学"的过程、感受，具体内容包括但不限于地理风貌、名胜古迹、城乡变化、民风习俗、职业体验、名人专访、热点探究等。

五　开展实践活动评价

结合学校"东纵好少年"学生形成性评价体系，对学生寒假综合实践活动成果进行多元评价，促进学生综合素质的发展，致力于把学生培养成具有东纵精神、民族情怀、创新能力和国际视野的阳光少年。

1. 蓄力"东纵好少年"

根据学生作业内容，结合学校"东纵好少年"学生形成性评价体系，给予乐学章、劳动章、尚德章、尚美章、健体章以作鼓励，详见表7-2。

表7-2　各类奖章与活动对应表

奖章	对应项目
乐学章	传统文化美、诗歌颂俭约、宣传小使者、绿色小讲师
劳动章	年味进家门、春节生机浓、内务小能手、慧心展巧手、新年烹饪家、扫尘迎新春、旧物巧利用
尚德章	观红色基地、传东纵精神、讲革命故事
尚美章	绘美丽中国、佳节共联欢、云游天下
健体章	争当健体星

2. 优秀成果展

开学初，学校开展寒假综合实践成果展示与交流活动。各班进行优秀寒假作业评选,优秀作品在班级、学校的展览区展示。学校对获奖学生进行表彰,并在学校微信公众号推送。

3. 评选"寒假行知之星"

各班推选一名学生参加学校"寒假行知之星"评选,学校从中择优推选出一位优秀学生参加区"寒假行知之星"评比。

4. 反思实践经历过程

本次寒假综合实践活动,统筹规划细致,方案设计精心,评价方式多元,学生成果丰富,取得了显著的成效。

(1) 传承东纵精神活动实实在在,参与综合实践"纵宝"收获满满。学校为本次寒假综合实践活动特制作精致活动清单,将"小纵子"们的风采装点得更加精致。活动内容与学生生活密切联系,引导学生读万卷书,行万里路,不仅要学习书本上的知识,更要走向广阔的天地。

(2) 玩转"纵教育"精彩无限,乐学"小纵子"知行合一。学校设计了多种贴合学生生活,趣味性强的活动,寓教于乐,吸引了学生积极参与。如,在"蒲公英行动"中,孩子们到社区活动,开阔了视野,培养了热爱劳动和为人民服务的优良品质。

(3) 多元评价促进学生成长,五育并举成果异彩纷呈。此次实践活动评价与学校"东纵好少年"学生形成性评价体系相结合,通过授予劳动章、尚德章、乐学章、尚美章、健体章,开展线上线下优秀作品展,评选"寒假行知之星"等方式,对学生进行多元评价,促进学生德智体美劳全面发展。

(4) 真情相依家校乐携手,同心互助假期促成长。活动期间,学校耐心指导,家长积极协作,共同为孩子们营造了一个充实有意义的寒假。这样的综合实践活动,密切了家校联系,增强了家长家校共育的意识;加强了家长与孩子的沟通交流,促进了良好亲子关系的建立。

(课例提供者:杨成燕 陈敬宇)

项目学习 Ⅰ 与友同行

适用年级：小学三年级

一 项目概况

1. 项目简介

在学校学习生活中，有些学生可能会因为外貌、能力等方面不及他人而受到嘲笑。这些不文明的行为，不仅会造成被嘲笑学生的心理创伤，而且不利于建立良好的同伴关系。为了解决学生间不礼貌待人的现象，将思政教育贯穿于英语课程教学之中，发掘英语语篇中的育人价值并与英语课程教学内容 Module3 Unit4 My friends 相结合开展"悦纳他人，与友同学"项目式学习。通过三个阶段（课时）的学习来引导学生建立互相尊重、互相帮助、团结友爱的思想。预期的学习成果包含以下三个。①朋友简笔画：画出朋友特征，根据介绍内容，画出朋友的画像。②朋友信息卡：完成朋友信息资料卡，给上节课朋友简笔画完成的朋友写上姓名、性别、年龄、体形特征等信息，并进行口头介绍。③朋友推介信：完成朋友推介海报，根据第二课时完成的朋友信息卡，完成朋友推介小海报，并在小组中介绍。

2. 驱动问题

本项目的开展，由以下几个问题驱动。核心问题：如何与他人和谐相处？子问题1：如何看待自己和他人的外貌？子问题2：如何看待自己和他人的优缺点？子问题3：你能做哪些让朋友感到快乐的事情？

3. 学习目标

围绕驱动问题，学校把本项目的学习目标定为：通过项目式学习，学生能够描述朋友的外貌、能力、喜好等特征及能和朋友一起做什么（学习理解）；能够在特定的情境中向他人介绍朋友（实践应用）；能够树立朋友间要相互欣赏、互相帮助、团结友爱的理念，学会与他人交往（迁移创新）。

4. 评价设计

以学习目标为中心,根据逆向设计原则确定预期的学习结果,包含预期的理解、预期掌握的知识与技能和预期的迁移等。预期的理解包含:能理解描述朋友外貌、能力、喜好的单词和句子;能理解与他人友好相处的方式。预期掌握的知识和技能包含:能听懂关于描述朋友外貌、能力、喜好的单词和句子和文本内容;能用重点单词和句型描述朋友特征和能力爱好;能向他人介绍自己的朋友;能正确书写本单元核心词汇和核心句型。预期的迁移包含:能根据描述画出朋友简笔画;能根据简笔画,完成朋友特征信息资料卡并进行口头介绍;能根据朋友信息卡,完成朋友推介小海报并在小组中介绍。其中,预期迁移也是本项目的表现性评估任务之一。

5. 项目安排

为了顺利解决问题,教师精心设计并安排每个阶段的学习任务。每个阶段的学习任务包括:任务名称、活动目标、活动内容、实施要求、时间安排、预期成果形式,引导学生准确把握包括探究、设计、制作、讨论等各个环节,做到阶段完整、任务细化具体化详见表7-3。

表7-3 Unit4 My friends 项目式学习安排

阶段/任务名称	活动目标	活动内容	课时	预期成果形式	评价形式
任务一:认识朋友外貌特征	树立"悦纳他人,互相欣赏"的观念	认识他人的不同外貌特征	1	朋友简笔画朋友信息卡朋友推介海报	借助麻吉星工具对学生展示和作品进行生生互动评分。 1. 学生展示评分标准: Correct(发音标准,内容准确,分值1); Clear(声音清晰,书写工整,分值1); Creative(表演生动,想法创新,分值1)。 2. 学生作品评价标准: Correct(内容准确,分值1); Clear(书写工整,分值1); Creative(想法创新,分值1)
任务二:了解朋友能力爱好	渗透"人各有所长,学会取长补短"的观念	描述朋友的能力和兴趣爱好	1		
任务三:和朋友一起做的事	渗透友好待人,团结友爱的观念	拓展学习能和朋友一起做什么	1		

二 项目活动过程

1. 分析单元主题,提取大概念

本项目学习的是沪教牛津版(深圳用)三年级上册 Module3 Unit4 My friends,属于"人与社会"范畴中的"社会服务与人际沟通"主题群。此单元对应一级目标中的子主题内容"同伴交往,互相尊重,友好互助"。通过对单元主题的分析,提取了"朋友之间要互相尊重,互相帮助,团结友爱"的大概念,并因此细化为与之相关的三个小概念,即"悦纳他人,互相欣赏""互帮互助,取长补短""与人为善,团结友爱"。

2. 研读语篇,确定项目主线

本单元包含两个语篇,一组核心词汇和一组语音。为了学科核心素养落地课堂,以单元主题为主线,全面发掘语篇育人价值,明确单元育人目标和教学主线。从 What(主题和内容角度)、Why(主题意义角度)、How(文体和语言角度)三个角度对语篇进行深入研读。

What(主题和内容角度):语篇一为孩子们在班级介绍朋友的外貌特征情境,包含核心词汇 tall, short, fat, thin 以及核心句型 This is .... He's/She's my friends. He's/She's ....;语篇二为学生在操场上猜对方朋友的情境,包含核心句型 Is he/she ...? Yes. He/she is.

Why(主题意义角度):语篇一通过描述朋友的外貌特征,引导学生懂得人各有异,渗透悦纳他人理念;语篇二通过猜猜是谁的游戏,引导学生深入了解朋友,渗透团结友爱的理念。

How(文体和语言角度):语篇一通过 This is ... He's/She's my friend. He's/She's 等句型,描述朋友的外貌特征,区分 he's 和 she's 的用法;语篇二通过一般疑问句 Is he/she ...? Yes, he/she is./No. He/she isn't.学会询问是否为某人。

在"朋友之间要互相尊重,互相帮助,团结友爱"大概念的统领下,学校开展"友谊周"活动,以学生在"友谊周"把自己的朋友介绍给他人,帮助大家交到更多朋友为项目主线。

3. 围绕驱动问题，开展项目学习

教师将学生认知逻辑和生活经验相结合，对单元内容作了必要的整合或重组，并大胆地进行文本再构，按照介绍朋友的外貌特征、介绍朋友的兴趣爱好、介绍能跟朋友一起做的事情的逻辑，把本项目的学习分成三个阶段（课时）。

第一阶段（课时 1）主题为 About my friends，对应的栏目是 Listen and say, Look and learn, Learn the sounds，创设学校开展"友谊周"活动，同学们向他人介绍各自朋友的情境，引导学生在情境中理解并应用核心词汇 tall, short, fat, thin 及核心句型 This is ... He's/She's ... 介绍朋友的姓名、性别、年龄、外貌等特征，渗透人各有异、悦纳他人的理念。

第二阶段（课时 2）主题为 Knowing my friends，对应的栏目是 Say and act, Draw and say，创设在学校"友谊周"中，Lily 在学校不同场地遇到不同的人，他们向 Lily 介绍自己朋友的情境，要求学生在运用第一课时重点单词和句型描述朋友特征的基础上，学会用 He/She can ... 和 He/She likes ... 描述朋友的能力和兴趣爱好，渗透人各有所长、学会取长补短的理念。

第三阶段（课时 3）主题是 With my friends，本课时为综合应用拓展延伸课，创设学生观看"友谊周"所举办的"与友同行"主题演出的情境，使学生巩固应用前两个课时重点单词和核心句型的基础上，同时拓展延伸学习 What can you do with your friends? We can ... ，渗透友好待人、团结友爱的理念。

第一阶段（课时 1）：认识朋友外貌特征。

（1）活动目标

1) 学生能够运用核心词汇 tall, short, fat, thin 和核心句型 This is ... He's/She's ... 介绍自己朋友的姓名、年龄、外貌特征等。2) 学生能够在准备校园"友谊周"的特定情境中，运用本课核心词汇和句型介绍自己的朋友，并使用文本从不同方面描述自己的好朋友。3) 学生能够接纳他人的不同外貌特征，发现他人闪光点，不歧视他人，树立"友爱同学，接纳他人"的理念。

（2）活动内容

1) 学习核心词汇及重点句型。通过 Peter, Alice, Joe, Kitty 对朋友的介绍，学习描述体形的核心词汇 tall, short, fat, thin 及描述朋友外貌特征的句型：Look! This is

my friend. He's/She's a .... (boy/girl). He's/She's .... (name). He's/She's .... (age). He's/She's .... (feature). 2) 口头描述朋友特征。根据文本中四位小朋友介绍朋友的框架,尝试把自己的朋友介绍给大家,先在小组中介绍,再上台展示。3) 画出朋友简笔画。根据口头描述的朋友特征,画出朋友简笔画,为第二阶段的学习做铺垫。4) 小小辩论会。通过观看视频,引导学生判断当面评价同学"He's fat."是否礼貌,该如何看待自己和他人的外貌?通过另一个正面内容的视频,渗透人各有异,学会悦纳他人、团结友爱的观念。

第二阶段(课时 2):了解朋友的能力爱好。

(1) 活动目标

1)学生在本课时中复习巩固本单元的重点词汇、句型。2)学生在经过语篇感知后能够运用本课时词汇、句型以及相关旧知进行文本整合输出,在实践的过程中语言表达文本得到创新。3)学生在本课时学习后能够懂得与人为善,人虽然各有差异,但也各有所长,学会欣赏他人,正视自己。

(2) 活动内容

1)学习拓展句型。学生观看图文对话,整体感知语言情境,在回顾上一课时语篇内容的基础上,学习本节课的关于朋友能力和爱好的句型:He/She can .... He/She likes ... 及猜猜是谁的句型:Is he/she ....? Yes, he/she is. No, he/she isn't. 2) 猜猜是谁。除本节课出现的四个人物之外,新增几个学生熟悉的卡通人物,引导学生用 Is he/she ....? Yes, he/she is. No, he/she isn't. 与同学互猜描述的人物是谁,以此检验学生是否能够灵活应用本节课重点句型。3)完成朋友信息卡。引导学生根据第一课时的朋友简笔画,完成朋友特征信息资料卡,并在小组中口头介绍自己的朋友。4)小小辩论会。通过观看小视频,引导学生讨论:如何看待自己和他人的优缺点?渗透人各有所长,也各有所短,学会欣赏他人的长处,包容他人的短处的观念。

第三阶段(课时 3):和朋友一起做的事。

(1) 活动目标

1)能理解关于好友共同活动的方式的问答句:What can you do with your friends? We can share together/play together/help each other. (学习理解)。2)能在特定情境中

灵活应用 We can... 描述与好友共同进行的活动(应用实践)。3)能在实际生活中全面描述介绍自己的好友,包含口头介绍和书面介绍(迁移创新)。

(2) 活动内容

1) 学习拓展句型。在"与友同行"主题表演的场景中,学生整体感知语言情境及熟知文本。引导在复习巩固对好友姓名、性别、年龄、外貌、能力、喜好的介绍基础上,学习描述与好友共同进行的活动的问答句 What can you do with your friends? I can ... with my friends. 2) 同桌活动。引导学生根据第1、2课时完成的任务单,提取好友信息,与同桌完成对话:Who is ...? ... is my friend./... can/ can't .../... likes ... What can you do with your friend?/B: We can ... 3) 完成朋友推介海报。引导学生根据第1、2课时完成的任务单,结合本课所学,整合三个课时的知识,完成好友介绍海报,并在小组内和全班展示。4) 小小辩论会。观看与友谊相关的视频,引导学生思考:What can you do with your friends? 讨论能跟朋友们一起做哪些事情,渗透与人为善、团结友爱的观念。5) 友谊之星评选。通过三个阶段的学习,引导学生讨论朋友之间应该如何相处,提炼观点汇报交流,评选友谊之星。

三 活动成果交流与评价

问题贯穿项目式学习始终。在项目实践过程中,教师围绕项目核心问题的探究,拆分出若干子问题,进而明确项目的不同阶段及其子任务。在问题的驱动下,学生积极参与项目学习,表现出积极探究的研究精神和团结协作的团队精神,取得了良好的成果。

对应驱动问题,我们采用过程性评价与总结性评价相结合的评价方式,在项目的每个阶段都设计了表现性评价任务,对学生表现和学生成果进行评价详见表7-4。

表 7-4　驱动问题与学习评价对应表

序号	驱动问题	表现性评价任务	学生表现	学生成果
1	如何看待自己和他人的外貌？（子问题1）	朋友简笔画（过程性评价）	学生表现评分标准 语言准确：1分 善于合作：1分 想法创新：1分	学生作品评价标准 内容准确：1分 书写工整：1分 想法创新：1分
2	如何看待自己和他人的优缺点？（子问题2）	朋友信息卡（过程性评价）		
3	你能做哪些让朋友感到快乐的事情？（子问题3）	朋友推介海报（过程性评价）		
4	如何与他人和谐相处？（核心问题）	评选"友谊之星"（终结性评价）		

四　活动成效与反思

第一，强化素养立意和实践育人功能。坚持发挥核心素养统领作用，把核心素养贯穿于教学各个环节和活动中，从而推动育人目标实现。活动目标的确定、活动内容的选择、评估证据的确定、具体活动的设计，均从学生发展角度出发，具有真实性。学生通过参与项目中的实践活动，为应对未来真实生活问题奠定基础，充分发挥实践育人功能。

第二，激发学习主动性，提升学生核心素养。每个学习阶段小组成员围绕驱动问题，积极参与项目学习，为解决问题团结协作，努力探究。在问题探究、活动设计、讨论交流、作品制作过程中，不仅培养了学生的语言能力、创新能力和合作精神，同时也让学生在活动中树立了"朋友之间要互相尊重，互相帮助，团结友爱"的观念，学生的核心素养得到了提升。

（创意设计者：杨成燕）

评价创意 Ⅰ "东纵好少年"形成性评价

2020年,中共中央、国务院印发了《深化新时代教育评价改革总体方案》,围绕党委和政府、学校、教师、学生、社会五类主体,坚持破立结合,系统设计改革任务,重点设计了五个方面二十二项改革任务,做到"五破""五立"。其中,第四类改革学生评价,明确"破"的是以分数给学生贴标签的不科学做法,"立"的是德智体美劳全面发展的育人要求,相应提出树立科学成才观念。

为适应新时代育人要求,东纵小学以《深化新时代教育评价改革总体方案》精神为指导,大力进行学生评价改革,构建"东纵好少年"学生形成性评价体系,引领学生综合素质发展。把课程评价融入"东纵好少年"学生形成性评价中,促进孩子的全面发展。

一 制定评价方案

学校制定了《"东纵好少年"学生形成性评价方案》,对评价类别、评价工具、评价主体、评价细则、荣誉获得、奖励条例等方面作了详细规定。评价方案科学合理,具有以下几个特点。

(1) 评价类别全面。对应德智体美劳五育,"东纵好少年"学生形成性评价体系设置五类单项奖——尚德之星、乐学之星、健体之星、尚美之星、劳动之星;一个综合奖——东纵好少年;一个最高奖——东纵杯。

(2) 评价标准科学。以教育部《义务教育质量评价指南》为指导,根据"学生发展质量评价"指标,制定评价细则,细化每类单项奖评价标准。

(3) 评价工具多样。对应五类单项奖,分别刻印"尚德章""乐学章""健体章""尚美章""劳动章"五种印章;对应综合奖,定制"东纵好少年"金属奖章;对应最高奖,定制"东纵杯"奖杯。印发《"东纵好少年"成长册》,学生人手一册,及时记录争章情况。

(4) 评价主体多元。通过学生互评、家长评价、教师评价、学校评价等多种方式,从多个角度、多个维度全面评价学生,体现了评价主体的多元性。

(5)荣誉进阶合理。每类印章积满20个,即可获得该类单项奖荣誉称号;积满五类单项奖,即可获得"东纵好少年"综合奖,并开始新一轮争章活动;获得五个综合奖(或在某个方面有突出贡献),即可获得"东纵杯"最高奖。

(6)评价应用新颖。学生获得各项荣誉,在学校举行颁奖仪式,由学校领导(行政)颁发证书及奖章,与校长合影留念,获奖个人在"东纵好少年"风采栏展示。同时,学生在形成性评价中所积累的印章数量可兑换相应面额的"成长币","成长币"可用来购买"东纵成长银行"里的奖品。

"东纵好少年"学生形成性评价内容涵盖德智体美劳五育,评价主体包含教师、学生和家长,通过学生互评、家长评价、教师评价等方式,从多个角度、多个维度全面评价学生。在此评价制度的激励下,东纵学子你追我赶,掀起了争当"东纵好少年"的热潮;东纵家长热情澎湃,作为评价主体参与孩子成长的过程,充分发挥协同育人的作用。

二 开展评价活动

"东纵好少年"学生形成性评价体系,注重过程性评价,评价内容与学生品德修养、课程学习等日常教育教学活动相融合,以此激励学生从我做起、从日常小事做起,争当"东纵好少年",全校师生积极参与评价活动。

教师以学校总体评价方案为指导制定个性化评价方案,激发学生参与热情;学生以评价标准为目标,规范自身言行,良好的校风、教风、学风悄然形成。

"东纵好少年"学生形成性评价贯穿整个小学阶段,在不同的节点上开展特色评价活动,积极发挥学校评价、家庭评价、社会评价的教育功能,实现评价主体多元化。

通过创新作业评价,改革学业评价,综合家校评价多种举措,促进学生综合素养的螺旋上升。

1. 创新作业评价,适应新时代教育发展形势

在"东纵好少年"学生形成性评价机制下,学校丰富作业内涵,创新作业设计,以项目式学习代替机械重复操练。如中秋节项目式学习——我和月儿过中秋,国庆节项目式学习——强国有我、献礼祖国;春节项目式学习——快乐中国年。改革作业评价,以

激励性展示代替判正误评价，把作业评价融入"东纵好少年"学生形成性评价中，给予完成相应任务的学生盖章奖励。

2. 改革学业评价，打破"唯分数"顽瘴痼疾

在中共中央、国务院印发的《深化新时代教育评价改革总体方案》精神及国家"双减"政策的指导下，东纵小学大胆改革学业评价，把学生学业评价融入"东纵好少年"形成性评价，以主题游园代替纸笔测试，以积分盖章代替传统打分，打破唯分数论。

例如：在国庆节前夕，以"神舟十二号"升空为契机开展"太空环游记"主题游园活动；在期末前夕，结合红色教育特色开展"广九线争夺战"主题游园活动，结合传统文化教育开展"漫步东纵乐寻宝"主题游园活动。

3. 优化综合评价，以素养评价代替知识评价

东纵小学优化学生综合评价制度，制定了《学生素质发展报告书》，主要分为："东纵好少年"学生形成性评价获奖情况、课程学习评价、班主任寄语、家长寄语等几个板块。学校采取教师评价与家长评价相结合的方式，对学生进行德智体美劳全方位综合评价。其中最突出的特点，是以"东纵好少年"学生形成性评价代替传统的思想品德等级评价，给出了具体的评价标准，变无形为有形；以课程学习评价代替学业水平评价，重点评价学科素养而非学科知识。

（创意设计者：杨成燕）

后 记

深圳市坪山区东纵小学是深圳市坪山区政府成立的全日制公办小学,于2021年9月1日正式启用。学校坐落于东江纵队发源地,毗邻东江纵队纪念馆,特殊的地理位置赋予学校红色底色,"忠心向党、赤心为民、不畏艰险、不懈奋斗"的东纵精神赋予学校文化血脉,诞生于建党百年的时间节点赋予学校新时代铸魂育人、立德树人的教育使命,赓续革命精神,传承红色基因,努力让每一位东纵学子在这里成长为有东纵精神、民族情怀、创新能力和国际视野的阳光少年。

除了红色文化资源,学校还紧邻多家生物医药科技企业,具有丰富的生命健康教育资源,深圳自然博物馆、大万世居、东江纵队纪念馆、坪山图书馆、美术馆、大剧院、马峦山郊野公园等自然、人文环境也为学校的教育发展提供了得天独厚的自然、社会资源。

东纵小学提炼"纵教育"作为学校教育哲学,并在此指导下开展学校教育实践。作为一种教育价值观,"纵教育"是一种张弛有度的教育,是指向灵魂成长、内涵发展的教育。由此生发出学校办学理念——培根养正,静待花开。它强调教育是根的事业,培根铸魂、启智润心,即以人为本,突出学生主体,以学生为中心、以活动为中心、以实践为中心,尊重个体差异,关注学生情感,激发学生兴趣,培养学生习惯,为每个学生的发展创造条件,使学生积极主动地学习和发展,力求让每个生命都从容美好。

在践行"纵教育"的征途上,我们一路耕耘,一路收获。

东纵小学的创校校长何莹娟,作为一名名校长、名教师,在2021—2023年,带领团队开展"纵教育"的研究和实践,结合学校自带红色基因的文化特色,着眼未来教育的科创需求,系统地提炼出落实"纵教育"的六大路径——"纵心德育、纵横课程、纵情课堂、纵智教师、纵美校园和纵怡管理"。在课程实践中,学校逐步形成了具有实践性学习特点的特色课程,如结合坪山区品质课程体系开展的普及性课程阳光阅读课程、家校共育课程、底色艺术课程和悦动体育课程,以及具有办学特色的个性化课程如东纵文化课程、未来创新课程、健康管理课程、融合项目式课程等。在实践中,学校梳理出实践性学习的"七重逻辑",实现了"纵教育"从上位到下位的逐步成熟。

在"纵教育"的研究过程中,上海市教育科学研究院杨四耕教授对学校给予了热情的关心和专业的指导。自东纵小学开办以来,杨四耕教授从学校文化建设、课程规划、课程实施和成果提炼等多个方面进行细致指导。在本书的写作过程中,杨四耕教授更是以"理论学习—联系实践—提炼成果"为工作思路,指导教师进行提炼撰写。

《实践性学习的七重逻辑》是"纵教育"在行动的策略,共分为"从知识逻辑到经验逻辑""从学科逻辑到问题逻辑""从情境逻辑到活动逻辑""从任务逻辑到行动逻辑""从设计逻辑到成果逻辑""从生活逻辑到文化逻辑"和"从学习逻辑到育人逻辑"7个章节,每个章节中包含对实践性学习逻辑的论述及课程展台、课例研究、项目学习和评价创意等实践案例,内容涉及广泛,既有单学科案例也有跨学科案例,既有学校层面的评价也有学科层面的评价。

我们希望此书的出版,能丰富广大一线教师对实践性学习的观点和视野,在逻辑清晰的论述中,在实际开展的案例中,将实践性学习落到实处,在教育实践中培养出德智体美劳全面发展的社会主义建设者和接班人。